> 最新精修
> 升级版

# 英才是家庭造就的

王金战 著

四川少年儿童出版社

## 图书在版编目（CIP）数据

英才是家庭造就的 / 王金战著. —成都：四川少年儿童出版社，2016.6（2018.12重印）
　ISBN 978-7-5365-7683-4

Ⅰ.①英… Ⅱ.①王… Ⅲ.①家庭教育 Ⅳ.①G78

中国版本图书馆CIP数据核字(2016)第133733号

| | |
|---|---|
| 出 版 人 | 常　青 |
| 策　　划 | 宽高教育 |
| 责任编辑 | 王三炯 |
| 封面设计 | 喜堂平面设计工作室 |
| 责任印制 | 王　春 |

YINGCAI SHI JIATING ZAOJIU DE

| | |
|---|---|
| 书　　名 | 英才是家庭造就的 |
| 作　　者 | 王金战 |
| 出　　版 | 四川少年儿童出版社 |
| 地　　址 | 成都市槐树街2号 |
| 网　　址 | http://www.sccph.com.cn |
| 网　　店 | http://scsnetcbs.tmall.com |
| 经　　销 | 新华书店 |
| 印　　刷 | 艺堂印刷（天津）有限公司 |
| 成品尺寸 | 235mm×165mm |
| 开　　本 | 16 |
| 印　　张 | 16.75 |
| 字　　数 | 335千 |
| 版　　次 | 2016年7月第1版 |
| 印　　次 | 2018年12月第5次印刷 |
| 书　　号 | ISBN 978-7-5365-7683-4 |
| 定　　价 | 38.00元 |

# 方向决定未来

2008年,《中国英才家庭造》一书一经出版,便在全社会掀起了"英才教育"的讨论热潮,荣膺当年"全国最具影响力的教育书"之桂冠。时至今日,仍有很多读者捧着这本书,经常给我打来电话,甚至堵在我的办公室门口,以寻求咨询和帮助。时隔八年,社会大环境发生了许多重大转变,招生政策也有了不少调整。带着千万读者的热切信任和大力支持,我决心重走"长征"路,历时半年,交出了《中国英才家庭造》的升级版——《英才是家庭造就的》。

如今,中国经济高速发展,取得的成就举世瞩目。然而,忙忙碌碌的家长们却突然发现,没有时间陪孩子了,没有能力管孩子了……在"6+1"的金字塔家庭模式里,孩子是唯一的,教育的成败更显得孤注一掷。怎样才能找到最正确的成才之路?什么样的孩子更适合出国留学?目前国家的招生政策又有哪些新的变化?这些问题始终困扰着广大家长朋友们。

多年的教育工作经验告诉我,方向决定未来。方向对了,孩子步步领先;方向偏差,孩子举步维艰。不规划、不设计、不训练而成才的人,只是很例外的"天才"或幸运者,不足以作为学习的模范。环视全球,多数英才的成长都与正确的方向、有章可循的规律息息相关。好前程来自提前设计,好心态贵在及时调整,高智商源于细节培养，收放自如才能获得节节胜利，动作规范才能超水平发挥……

我因教书成名，目前也肩负着许多社会角色。然而，要我说，我还是当年的那个中学老师——超级数学狂。我坚守在教学第一线，持续输送着一批又一批的优秀孩子步入大学校园。同时，我始终没有忘记读者的重托，于是将我新近的教育成果整理之后奉献给大家！祝福所有的孩子都能明确发展方向，培养良好的学习能力，奋力拼搏，追求卓越，拥有灿烂的人生！

# 目 录

## 01 提前规划，培育英才 ………………………………… 001

### 我送女儿上北大 …………………………………… 003
- 女儿上小学，我为她背井离乡 …………………… 003
- 女儿上初中，我陪她面对失败 …………………… 005
- 女儿上高中，我与她成为知心好友 ……………… 007
- 女儿高考，我们相互支持，迎来曙光 …………… 009

### 成就当之无愧的英才 ……………………………… 011
- 多点关心和陪伴，让孩子感受到爱 ……………… 011
- 自己的事情自己做，独立是成长的前提 ………… 015
- 父母口出善言，孩子心存乐观 …………………… 023
- 鼓励、肯定暖人心，不做孩子的"差评师" …… 025
- 简朴仍然不过时，踏踏实实才是真 ……………… 028
- 家教，仅仅是孩子前行路上的一盏灯 …………… 030

### 用心的教育更成功 ………………………………… 032
- 设计孩子的成长之路，任何时候都不晚 ………… 032
- 创造条件巧设计，条条大路通英才 ……………… 036

- 用"望远镜"规划孩子的前程 ········ 037
- 从长项做起，会达到意想不到的高度 ········ 040

**避开设计误区，英才养成少走弯路** ········ 044
- 孩子喜欢是前提 ········ 044
- 自身条件要过硬 ········ 046
- 三大常见设计误区 ········ 050
- 好的设计需要好的执行 ········ 052

**老王独家：出国留学和自主招生，孩子应该怎么选** ········ 056
- 出国留学的注意事项 ········ 056
- 有的放矢，备战自主招生 ········ 057

# 02 习惯养成，成就英才 ········ 059

**三心二意两小时不如全身心地投入10分钟** ········ 061
- 专注——提高效率的第一步 ········ 061
- 养成好习惯，成功自然来 ········ 063
- 动静结合最高效：7+1>8 ········ 064
- 当睡则睡，当起则起 ········ 067

**5大秘技练就孩子的高情商** ········ 070
- 每个人进步1%，集体就前进100% ········ 070
- 多与优秀的人交往，发挥优秀的相互作用 ········ 072
- 互帮互助提高成绩 ········ 073
- 有时候孩子需要被人推一把 ········ 075
- 教育抓时机，小事也有大意义 ········ 079

**改掉坏习惯，没有那么难** ········· 083
- 要想摆脱依赖症，沟通技巧很重要 ········· 083
- 与过去决裂，焕发的动力将无坚不摧 ········· 088
- 纠正坏习惯，要打持久战 ········· 090

**老王独家：好方法成就好成绩** ········· 093
- 数学：无招胜有招 ········· 093
- 化学：散点联网 ········· 094
- 物理：数学是外援 ········· 095
- 语文：阅读出真知 ········· 096
- 英语：营造语言氛围 ········· 098

## 03 家庭是孩子成长的加油站 ········· 099

**挫折，与孩子一起勇敢面对** ········· 101
- 遇到挫折，家长先振作 ········· 101
- 挫折是成功的垫脚石 ········· 104
- 及早发现小问题，避免将来栽大跟头 ········· 105
- 怕输的结果是常输，不怕输才不会输 ········· 108
- 从头再来，笑得更甜 ········· 112
- 与孩子一起击退成长路上的"拦路虎" ········· 115
- "不经打击老天真"，挫折是成长的助推器 ········· 118

**少年也识愁滋味，家长应是"解忧草"** ········· 120
- 放下身段，当孩子的战友 ········· 120
- 尊重孩子的敏感和脆弱 ········· 123
- 单亲家庭，不要成为孩子的"包袱" ········· 124

- 不要让家庭问题毁掉孩子 ·················· 127

## 智慧应对孩子青春期的困惑——逆反 ········ 132
- 让孩子的心灵自由呼吸 ···················· 133
- 孩子逆反，问题可能出在家长身上 ·········· 134
- "听话"就是好孩子吗 ······················ 136
- 窒息的爱，让孩子越来越叛逆 ·············· 138
- 冷漠是最可怕的拒绝 ······················ 144
- 用爱融化孩子内心的坚冰 ·················· 147

## 追求完美最不美 ···························· 149
- 不要太把自己当回事儿 ···················· 149
- 拒绝攀比，珍惜不完美 ···················· 150
- 别让不切实际的期望压垮孩子 ·············· 152

## 老王独家：英才家长的教养故事 ············ 154
- 故事1：有理不在声高——与孩子沟通的技巧（家长：白洁） ····························· 154
- 故事2：第一夜住校——独立人生的开始（家长：肖卫群） ······························· 155
- 故事3：算账学数学——在日常生活中培养孩子的学习兴趣（家长：赵学征） ············ 156
- 故事4：背诵比赛——用游戏培养孩子主动学习的习惯（家长：冯庆国） ················ 157
- 故事5：沉默也是一种支持——鼓励孩子勇敢地面对挫折（家长：李春成） ·············· 159

- 故事6：顶牛不能证明自己——教孩子学会宽容（家长：夏季的爸爸） ……161
- 故事7：男子汉靠拼不靠打——教孩子找到自信（家长：侯志辉） ……163
- 故事8：妈妈也要知错就改——用尊重化解孩子的逆反情绪（家长：许莉娅） ……164

## 04　父母眼中没有差生 ……167

### 减压法，帮孩子减少成长的阻力 ……169
- 用夸奖的办法为孩子点亮一盏希望之灯 ……169
- 恰如其分的夸奖最有效 ……171
- 艺术激将法，一句话可能改变孩子的一生 ……175
- 循序渐进，小目标赢得大成功 ……178
- 可怕的倒计时，考前施压要谨慎 ……182
- 会说话，更要会"听话" ……185

### 加压法，让约束力差的孩子更自觉 ……188
- 各种加压法：苦肉计加压法、荣誉加压法、危机加压法及时间加压法 ……188
- 适当"刺激"，激发斗志 ……190
- 科学施压唤醒贪玩孩子的潜能 ……195
- 讲话有效率，做个"酷"家长 ……197

### 遇到问题，尽早解决 ……202
- 软硬兼施——"棍子、气泵加甜枣" ……202
- 改变，从妈妈看我的那个眼神开始 ……204

老王独家：怎样造就孩子的"阳光心态" ……………… 207

## 05 备战高考，行百里者半九十 ……………… 211

### 高考，家长们准备好了吗 ……………… 213
- 家长"规定动作"一：适当满足愿望 ……………… 213
- 家长"规定动作"二：稳定考前心态 ……………… 215
- 家长"规定动作"三：做好考前准备 ……………… 217
- 家长"规定动作"四：考前讲话要"备课" ……………… 218
- 家长"规定动作"五：三封"锦囊妙计"书信，为孩子加油打气 ……………… 221

### 做好准备，从容应考 ……………… 224
- 考生"规定动作"一：定点突破 ……………… 224
- 考生"规定动作"二：夯实基础 ……………… 228
- 考生"规定动作"三：淡定答题 ……………… 231
- 考场4大"注意" ……………… 235

### 家长的焦虑不要转嫁给孩子 ……………… 239
- 焦虑症状一：对孩子的期望不切实际 ……………… 239
- 焦虑症状二：一切以孩子为中心 ……………… 241
- 焦虑症状三：改变孩子的生活常态 ……………… 245

老王独家：中国教改之走向 ……………… 248

**附录：王金战高考历险记** ……………… 250

## 01 | 提前规划，培育英才

- 我送女儿上北大
- 成就当之无愧的英才
- 用心的教育更成功
- 避开设计误区，英才养成，少走弯路
- 老王独家：出国留学和自主招生，孩子应该怎么选如今的孩子，大多数是独生子女，肩负着整个家庭殷切的期望，压力不可谓不大。为了让孩子学习成绩好，考上理想的大学，家长们可以说是操碎了心。然而，家长们为孩子做的这些事，真的都是孩子需要的吗？孩子需要的东西，家长们真的都提供了吗？我在讲座中问到这些问题时，家长们一片愕然。所以我说，家长们并没有意识到：孩子成为英才，并不是孩子一个人的努力能实现的。英才是家长和孩子共同努力的成果。

> 在每一个英才的背后，都有一个懂得付出的家庭。

### 老王英才教育箴言

- 孩子的成败，自始至终都不单单掌握在孩子一个人手里，同时也掌握在家长手中。
- 孩子的内心是脆弱而敏感的，他之所以学不好，往往不是能力问题，也不是因为基础知识不扎实，更不是因为不用功，而是因为心理负担太重。
- 在孩子成年之前，即使他和你再亲，你也要学会克制自己的情绪，做到亲切、平和。
- 家长的一言一行，对孩子影响终身。
- 培养孩子是父母最重要的一项事业，如果这项事业失败了，其他事业再成功又有什么意义呢？

# 我送女儿上北大

有些人认为，我的女儿能顺利考入北大是我运气好，因为我有一个爱学习的好孩子；还有些人认为，我女儿金榜题名是沾了我的光。其实他们并不知道，每一个孩子都有成为英才的潜能。他们最终没有成功，往往不是因为孩子自己，而是因为家长。

我也是一个普通的家长，在送女儿上北大的这条路上，也经历了艰辛，也有过波折。现在，我终于完成了把女儿送入她的理想学府的使命。此时，我只想作为一个"过来人"，告诉家长们：孩子的成败，自始至终都不单单掌握在孩子一个人手里，同时也掌握在家长手中；在每一个英才的背后，都有一个懂得付出的家庭。

● 女儿上小学，我为她背井离乡

作为一名家长，什么叫真正的解脱？什么叫真正的轻松？在孩子考上大学以后，那才叫彻底的解脱、彻底的轻松。在这之前所有的解脱、所有的轻松，都不是真实的。前面你解脱得越彻底，将来你的烦恼就越多。你现在越轻松，将来你的压力也就越大。

在女儿高考之前，我家里的所有事情都是以孩子为中心的。那时，我在管理一所网校，其发展正处于上升阶段。然而，在一次全体员工大会上，我跟员工们讲："人在一生中，应该清楚每一个阶段的主要矛盾，如果抓不住这个主要矛盾，一辈子都会过得稀里糊涂。我女儿还有一个月就要高考了，对我来讲，在这一个月里孩子的高考最要紧，其他的事情都是次要的。这期间，工作上的事情你们不要问我，自己能处理的就处理；处理不了的，等我的孩子高考完了，大家再向我汇报。"

我之所以这么坚决，源于多年前我和朋友的一次畅谈。

那年我36岁，是山东最好的学校之一——青岛二中的教导主任，自我感觉很好。有一天，我满身疲惫地回到家，孩子的妈妈劈头盖脸地就冲着我喊："你一天到晚忙得不着家，自己的孩子怎么样了，你从来都不管！"

原来，妻子刚刚开完女儿的家长会，老师反映女儿的学习一塌糊涂。妻子急火攻心，就向我发泄，而女儿当时还只是个小学生，我认为她还没到让我们花心思的时候。

我一气之下就走出家门去散心了。正好，一个朋友看到了我失魂落魄的样子，就把我拉进一家小饭馆。

对酒当歌，人生几何！朋友说："人的一生真正属于自己的是什么呢？金钱再多，生不带来死不带去；职务再高，迟早要从这个位子上退下来。只有孩子才是父母生命的延续，也是我们事业的延续。过去，我们一家四五个孩子，老大不行，老二、老三接着来；一个战士倒下去，后面的战士冲上来。现在一家就一个孩子，独生子女寄托着整个家庭的希望，败不起啊！"

猛然间，我就醒悟了。比起山东，北京的名校多，学习氛围好。为了女儿，我豁出去了！于是，在那年的夏天，我辞掉了在青岛的一切职务，领着老婆和孩子，一路到了北京。

8月18日，我们来到了人大附中，在学校给我们安排的小房子里放下了行囊。8月19日，我们不去爬长城，也不去逛故宫，而是领着女儿去参观北大和清华，为她打造"名校梦想"。

自此之后，我带着全家在北京安顿下来，一心一意地扑在培养女儿的"事业"上，不断学习，想尽办法。我努力为女儿铺好每一条道路，女儿也没有辜负我的期望，在这些道路上种满了"鲜花"。

所以，在埋怨孩子没有达到预期的目标时，家长要先想想：作为孩子最好的帮手，自己有没有倾尽全力！

● 女儿上初中，我陪她面对失败

女儿的求学之路也不是一帆风顺的。那年女儿中考结束，她没能考上重点高中，难受得把自己反锁在房间里，好几天都不见我。我感到了事态的严重性。

女儿在干啥？写日记。一边哭，一边写。日记本里满是泪痕，一字一句地写下她的痛苦。我真是羞愧万分！

一个小孩子，要吃的有吃的，要喝的有喝的，要花的有花的，衣食无忧，一心一意地学习不就行了吗？她哪来那么多的愁事呢？

然而，事情远远没有你想的那么简单。现在的独生子女的忧愁，甚至比我们大人的忧愁还要多。老师一次无意识的忽略，同学一句随口的笑骂，妈妈刹不住车的唠叨，爸爸失望的眼神……都可以让孩子的内心千回百转、黑云压城。

**孩子的内心是脆弱而敏感的，他之所以学不好，往往不是能力问题，也不是因为基础知识不扎实，更不是因为不用功，而是因为心理负担太重。**也就是说，学习之外的事情对孩子的干扰太大，严重影响了她的学习效率。这是我第一次体会到孩子内心沉重的压力，体会到自己为人父母的冷漠和无知。

我感到很惭愧，因此决定先向女儿道个歉。没想到敲开门后，女儿先开口了。

她说:"老爸,对不起,我让你失望了!"

"谁说我失望了?我的女儿是什么水平我知道,你只是一时没发挥好罢了。"我接她的话。

"老爸,你不生气?"女儿吃惊地看着我说,"那真是太好了!"

虽然女儿不再担心我的责备,但她还是有些难过,因为她把上重点高中这件事看得很重,认为这是她考入名牌大学的唯一途径。想要解开她这一心结,让她不再难过,我就要对症下药。

"倩倩,你看,你之所以这么难过,是因为你觉得考不上重点高中就等于考不上重点大学了,对不对?"

"对!"

"那你相信老爸吗?"

"相信!"

"老爸教了这么多年书,见过很多上了重点高中依然落榜的学生,也见过很多在普通高中里头走出来的高才生。所以,上哪所高中只能决定你未来3年在哪里上学,和你能否考上名牌大学并没有必然的联系。决定你考上什么大学的,是你在未来3年里所付出的辛苦和努力。"

"真的吗?"

"老爸还会骗你?"

"那我高中好好学,肯定能考上理想的大学?"

"那当然!"

女儿这才一扫阴霾,开心地笑了!于是,她信心满满地投入到高中的学习生活中去了。

有很多家长一看到自己的孩子没有考好,就马上开始训斥:"我们为你付出了这么多，你就拿这样的结果回报我们，你对得起我们吗？"或是说："我同事家的孩子都考上大学了，就你没考上，你怎么这么没用啊！"诸如此类的话对孩子来说都是很深的伤害。孩子没考好，本来就既难过又害怕，这时家长再给他迎头一击，有的孩子因此产生了逆反心理，和父母关系恶化；有的孩子因此丧失了信心，破罐子破摔，更加不好好地学习了；甚至还有孩子做了傻事，家长追悔莫及。

所以，家长们不妨像我这样：**积极面对孩子的失败，帮孩子找到正确的道路**。相信你一定能和孩子一起迎来最终的成功！

● 女儿上高中，我与她成为知心好友

女儿没有考上她心仪的重点高中，但按照学校给我的优惠政策，她可以就读人大附中。对于这时的女儿来说，她再也没有回头路了。她要做的，就是从摔倒的地方爬起来。我决定陪着孩子学习，她上高一哪个班，我就给哪个班教数学。大多数老师都会回避子女，不让孩子在自己教的班级里，就好像一些医生不能很好地给自己的亲人看病一样。但是，为了更充分地掌握女儿的学习状况、情绪变化，我还是走了这招"险棋"。我就是要让她知道，老爸永远和她在一起。

起初，女儿学习状态并不好。我首先调整的，不是她的心态，而是我的心态。过去，我跟孩子总是话不投机半句多，语言暴力、表情暴力我随时随地都会动用。辅导别的学生，一遍不会讲两遍，我总能笑眯眯的，一点儿也不急。可是，给自己的孩子讲课，我就没那么好的耐性了。我总是压不住火："你看你，讲了多少次了，怎么还错呢？"我越急，孩子就越怕；孩子越怕，失误就越多。于是，我开始降低自己对孩子的期望值，把她当作一个资质平平的普通学生来对待，慢慢容忍她犯一些低级错误。家长们要记住：**在孩子成年之前，即使他和你再亲，你也要学会克制自己的情绪，做到亲切、平和。**

有一次，女儿跟我说："老爸，您别生气，我这次外语考试没有上次考得好。"

我问她："这次考了多少分？"

女儿说："上次130分，这次只有100分。"

我说："考得太好啦，100分很好！"

女儿吃惊地说："老爸，您是不是悲痛过度啊？怎么100分比130分还好呢？"

我说："当然了！你想想，从这张100分的试卷里，你是不是发现了自己平时学习的很多不足之处啊？"

"是呀。"

"你是希望这些问题早一点儿出现，还是等到高考那天再爆发出来呢？"

"当然是早一点儿。"

我继续假设："如果你这次考得很好了，接下来的寒假，你还会抓紧时间查漏补缺吗？"

女儿想了想："可能不会吧。"

我拍着她的脑袋，说："所以，孩子啊，这个100分来得多及时呀！"

于是，我们父女俩相视一笑，开始一起分析试卷上的错误。我后来修炼到什么程度？那就是：女儿每次考试成绩出来，她考得不好，我就假装不知道；她考好了，我就会神秘地对她说"听说倩倩同学大获全胜，可喜可贺"！

这招果然管用！女儿不再怕我，还跟我变成了无话不说的好朋友，无论学习上遇到什么问题，生活上遇到什么烦恼，她都会来找我倾诉。她考不好的时候，也不再把自己关到房间里哭了，而是主动地找我分析试卷上的错误，商量下一步的学习计划。女儿渐渐地变成了一个不畏挫折、冷静坚强的孩子。

随着时代的发展，像我和女儿关系这样融洽的家庭也越来越多。孩子跟家长搂着脖子，抱着腰，甚至称兄道弟，此情此景令我非常推崇。**有这样的父母，孩子就多了一个朋友，人生也就多了一条路。**高中三年，我竭尽全力陪女儿走好这条路。后来，女儿学习效率越来越高，最终如愿考上北大。

● **女儿高考，我们相互支持，迎来曙光**

在高考前一天晚上，我陪女儿到颐和园转了一圈。晚间游人稀少，我们漫步在昆明湖畔，迎面吹着凉风，不谈学习和高考，只是漫无目的地闲聊——聊女儿的童年，聊北京的风光。

走了好长时间，我们累了，也饿了，于是来到一家重庆餐馆。我们随便点菜，女儿愿意吃什么就点什么。我记得那天，女儿点了四个菜，我就这样陪着她吃了很长时间，等我们回到家已经是晚上九点多了。女儿翻翻书，听听音乐，11点多钟她就上床睡觉了。

孩子睡了，我却睡不着。女儿第二天参加高考，我比她还着急。我怕她睡不好觉，就把家里的门窗全都关了；我又怕她害怕，于是再把她卧室的门打开一条缝，把客厅的灯光调到最暗。我不出声，不看电视，只是静静地坐在客厅的沙发上，全神贯注地听孩子的呼吸声。我听着她的呼吸声，就能判断她是不是睡着了，睡得香不香甜。半个小时过去了，听到孩子的呼吸声渐渐平稳，我就回到了自己的房间。

第二天一早，我跟女儿说："傻丫头，昨晚睡得好吧？爸爸告诉你，不到十二点你就睡得死沉死沉的，跟小猪似的。"

女儿笑笑："爸爸，其实昨天晚上两点钟我都还没有睡着呢。"

我一愣："那我怎么听你睡着了？"

她说："我知道您坐在客厅里呢！怕您担心，我就故意装作睡着了。"

我多次出去做讲座，每每和家长们讲起这一段，台下总是一阵唏嘘声，甚至有些家长不停地抹眼泪。在高考那段艰苦的岁月，父母总认为自己是孩子的精神支柱、后勤保障，其实孩子也在默默地陪伴着父母，支持着父母。

家长能和孩子携手走过高考，互相给予支持和力量，帮助孩子完成这个过程，对家长来说是一种全新的体验，也是一个成长的过程。我做了多年的高三教师，陪送过众多学生走进考场，但是陪伴女儿高考的经历令我终生难忘，也让我对家长这一角色有了更多的思考和感悟。亲子间相互支持，一起经历的这段特别的岁月，将成为彼此人生中一笔宝贵的财富。

有人说，我讲的都是生活中的一些小事。我反问他，有哪件大事不是建立在小事的基础上的？女儿上学的这十几年，我力争做好每一件小事，说好每一句话，最终才将女儿培养成才。家长所做的任何一件小事，都有可能成为子女成才道路上的关键环节。英才的培养，是要从小事做起的。

## 成就当之无愧的英才

每位家长都希望自己的孩子能够成为英才,可是何为英才,却很少有家长真正明白。

考试成绩排前三名才算英才吗?如果是,孩子就成了天天活在考试阴影下胆战心惊的"可怜虫"。

考上了名牌大学才算英才吗?如果是,孩子就成了肩负着和年龄严重不符的升学压力的"书呆子"。

如果一个孩子品德优秀、生活独立、心态乐观,即使资质平平,但能为了目标脚踏实地,他也是英才;如果他经历挫折,但仍然追求梦想,永不言弃,那他就是当之无愧的英才。

一个具备如此素质的人,在学习上还有什么达不到的目标呢?

怎么让孩子获得这些品质,那就全靠家长了。家长是孩子的第一位老师,也是终身的老师。不论多么顶尖的学校,多么优秀的教授,都没有办法取代家长在孩子生命中的地位。**家长的一言一行,对孩子影响终身。**

孩子生来是一张白纸,家长在他们身上"写"下什么,他们就会"变"成什么。

● **多点关心和陪伴,让孩子感受到爱**

一个没有良好品德的孩子,无论如何也无法被称为英才。

有的家长听我这么一说,回家就给孩子上了一堂长篇大论的品德课,孩子听得昏昏欲睡,毫无效果。其实,品德的培养,应该是贯穿在孩子成长过程始终的,不是一两堂课就能突击完成的。在这个过程中，家长需要做的，就是别忽略自己的孩子。

我认识一对夫妻，他们是所谓的成功人士，常年在外忙碌奔波，只雇了一位保姆在家照顾孩子的生活起居。因为常年缺乏家庭的关爱和引导，这个孩子分不清什么行为是对的、什么行为是错的，只追求好玩、刺激。不管遇到什么事，他永远都是一副无所谓的态度。父母因为无暇照顾他，只好放任他。只有当他惹了祸向父母求助时，父母才回来帮他用钱摆平，然后继续忙碌自己的事业，继续放任自己的孩子。当他的父母发现已经彻底无法对他管束，无可奈何地求助于我的时候，为时已晚。

以下是我和这个孩子的一小段对话：

"为什么总是和别人打架？"

"好玩呗。"

"你不怕万一把人打伤、打死了背官司吗？"

"赔钱不就行了吗？"

"赔钱就没事了吗？"

"不是吗？"

短短几句话，就暴露了他扭曲的心灵。这样的例子现在越来越普遍，父母忙自己的事业，对孩子疏于管教，最终后悔莫及。

**培养孩子是父母最重要的一项事业，如果这项事业失败了，其他事业再成功又有什么意义呢？** 忙，从来都不能成为借口。我带过很多届高三毕业班，每天上完晚课回到家后都已经疲惫不堪，但我还是坚持去女儿的房间问候她，关心她，听她讲讲学校里的趣事。

有一天我去看女儿时，发现她躲在被窝里抽泣，询问后得知，她在学校被同学冤枉受了委屈，她有点儿怨恨那个同学。我连忙开导她，指导她第二天去了学校应该怎么跟同学解释，怎么重新和同学建立友谊。过了很久，她才渐渐露出了笑容。最后，她跟我说了一句话，让我十几年来都记忆深刻，她说："爸爸，谢谢你，如果不是你来了，我真的不知道明天该怎么上学了，我甚至想跟那个同学拼个你死我活算了。"

我当时吓坏了，一直后怕。要是晚上回家我没有去关心她一下，她第二天去学校万一干了什么傻事，该怎么办呢？所以，在那以后的近十年里，不管每天有多累，我都会和女儿谈谈心，帮她排解烦恼，为她指明方向。

这些事我都能做到，别的家长怎么可能做不到呢？要知道，哪怕只是一通关爱的电话，哪怕只是一个温暖的留言，都可能把一个误入歧途的孩子引回正道。

我教过一个孩子，她一直由爷爷和奶奶带着。她爸爸是个外交官，今天到这个国家，明天去那个国家。孩子生下来，父女没见过几面，孩子心里也没有"爸爸"这个概念。这个孩子学习成绩很好，但总让人觉得"缺了点儿教养，少了点儿人情味"。

孩子上高一，有一次看到爸爸和妈妈住在一起，觉得不可思议。她说她爸爸："这么多年见不到你，我妈凭什么和你在一起？"

她爸爸也很苦恼："我从来就没听到孩子叫我一声爸爸。"

我向这位家长建议："既然说话不能沟通，不如写信试试？把十几年想说不敢说、想说不好说的话一股脑儿都写出来，让孩子认识认识你这个老爸。"

这位爸爸咬咬牙："成，我也不要面子了，一定要让她了解我的苦衷。"

于是，这位家长就给自己的女儿写了以下这封信。

亲爱的女儿：

爸爸想念你，想了很久很久。16年前，你还在妈妈的肚子里，爸爸在万米的高空，从那时起，我就开始想你。我有一种预感：你会是一个漂亮的女孩儿，长得像你的妈妈，聪明、活泼。现在，我更加想你，因为我们每天很近很近，心却很远很远。昨天，你兴致勃勃地告诉你妈妈，老师说你再加把劲，考上清华、北大顺理成章。爸爸真替你高兴，你正在一步步朝你的梦想靠近。每个人年轻时，都有属于自己的梦。爸爸当年，一心想做一个纵横四海的外交家。为了这个梦，爸爸再苦再累都不怕，却没有想到竟然会赔上女儿对我的爱。爸爸活了四十多年，从来没有流过眼泪，那天你恶狠狠地阻止我和你妈住在一起，我第一次哭了。原来我一直戏称自己"四海为家"，谁知道，回家了，竟然没有我的容身之地。

……

这位老爸"一把辛酸泪"写了三千多字，折好放在女儿的床头。第二天，女孩看到这封信，眼泪唰唰地直往下掉。从此，女儿看爸爸的神情越来越柔和了，笑容也渐渐多了。父亲离开北京的头一个晚上，女儿终于叫出了生平第一声"爸爸"。

有的时候，家长们就是太好面子。如果这位父亲不肯"拉下老脸"，不肯写下这饱含深情的家书，他的女儿又怎么能得到品德上的完善、变成一个更全面的英才呢？

当我还在沂水一中时，有件事让我印象深刻。那还是20世纪80年代，在沂水周围的大山里，交通不方便，经济不发达，教育也落后，那里的家长们就把孩子送到离山区一百多里的沂水一中读书。

每到周末，家长们结伴搭班车来探望孩子。家长一到学生宿舍，首先就是抱着孩子大哭一场，哭完以后，家长们才从包里拿出各种好吃的、好喝的，帮着孩子洗衣服、打扫卫生。每每看着这一幕，我就觉得寄宿是件挺残忍的事。

人是需要亲情的，父爱和母爱是孩子成长必不可少的"营养"。有些家长工作忙，文化水平低，生怕自己教育不好孩子，动不动就把孩子送去寄宿，口口声声称"专业人做专业的事"。但他们知不知道，自己的专业就是做好家长，他们有没有尽到自己的本分呢？现在，寄宿幼儿园、寄宿小学如雨后春笋一般出现，把孩子送去这些地方的家长到底是舍得投资教育，还是借此逃避责任呢？

孩子上了中学，容易逆反，这时候让他们适当住校是可以的。而把刚上幼儿园、小学的孩子送出去寄宿，实在是有违人性。只要儿女未成年，离开父母时间超过一个月，距离超过一个省，我都觉得太久、太远了。

**孩子就像一块天然的璞玉，不分好坏，而家庭就像一把刻刀，家长把孩子刻成什么样子，他们就会是什么样子。** 从小离开父母，就意味着没有家庭的精心雕琢，孩子又怎么能成为美玉呢？所以，别怪你的孩子没有成为英才，那不是他的失败。家长连最起码的陪伴都做不到，孩子自己孤军奋战，怎么可能成才呢？

● **自己的事情自己做，独立是成长的前提**

现在，越来越多的家长搞不清楚自己的职责究竟是什么，他们不像家长，更像是孩子的保姆。

有很多家长，把学习成绩作为评判孩子成才与否的唯一标准，为了不让孩子耽误学习的时间，大包大揽了一切生活琐事。只要孩子能把学习成绩搞上去，让爸妈喂饭都可以。不是我夸大其词，这样做的家长不在少数。这是一件大错特错的事。一个门门成绩一百分，却连鞋带都要妈妈系的孩子，能算是英才吗？**一切的优秀，都要建立在生活能够自理的基础之上才有意义，否则迟早有一天，孩子会在社会的竞争中败得体无完肤。**

当年闻名世界的中国科学技术大学少年班，现在为什么不办了呢？那是因为，这些学生确实是智力超常，但是他们中的多数人根本无法独立生活，最后的发展、成就和大家的期望有很大差距。这些学生在青春期，缺少了很多实际生活的历练。一旦走上社会，他们当年在学校里学的那些东西，真的有那么重要吗？有的人连自理能力都没有，衣服不会洗、饭不会做，基本的生活都保证不了，又何谈才能？此时，这些学习天才们就显得非常弱势，很容易就淹没在众人之中了。

我的女儿从上小学起，我就开始让她参与家庭的各种事务，如自己的衣服自己洗，每天帮妈妈刷刷碗等。这一坚持，就是十几年。女儿中考那年，有一次我的一位朋友来家里做客，看到女儿正在刷碗，不禁惊呼："马上要参加中考了，还在刷碗，多耽误时间啊！"

我正要反驳，女儿先开口了："不会的，叔叔，我每天都干的，早就很熟练了，每次我学不下去的时候就来帮妈妈干活，换换脑子，这比坐那儿硬耗着管用。"

我听完后特别开心。参与家庭的各项事务，不仅锻炼了女儿的独立能力，还能让她从枯燥的学习中抽身，避免学习倦怠，提高学习效率，真可谓一举多得。

之后发生的一件事情，更是让我意识到"**独立能力是提高学习成绩的前提**"这一道理的正确性。有一次，女儿去外地参加一个英语集中训练营，和她一起去的还有她的几个同学，因为全封闭管理，不允许家长陪同。半个月后，训练营结束，我和妻子去她宿舍接她的时候，被眼前的景象感动了。女儿的床上，被褥叠得整整齐齐；桌上，练习册、课本、笔记摆放得规规矩矩；衣服洗得干干净净。常年的锻炼让她早就知道该如何分配时间快速完成这些工作，这不仅一点儿都没耽误学习，英语成绩还突飞猛进，已经可以和外教流利地交流了。和她同去的同学则在一旁不住地抱怨："衣服洗不干净，房间乱七八糟，水壶都烧漏了，每天疲于应付生活上的琐事，哪还有时间学习？没有家长照顾啥也不顺心，哪还有心思学习？这个集中训练营算是白来了。"

独立能力不仅有利于学习，还是完成其他一切事务的前提和保障。试想如果连独立都无法做到，学习再好又有什么用呢？肯定没有哪位家长愿意自己的孩子变成一个"生活白痴"吧？那就千万不能再抱着"让孩子干活是耽误学习"的想法了，先不说适当做些家务有助于学习，就只说辛辛苦苦考上了大学，您肯定不会想让您的孩子因为"生活不能自理"而被迫退学吧。独立，这种技能学校是培养不了的，唯一能培养孩子的，只有家庭。

怎么培养？培养的过程是什么？小学"抱"着走，初中"领"着走，高中"赶"着走，应该是这样的一种演变。但是，在这个独生子女占多数的时代，无论小学、初中、高中，孩子都是被"抱"着走的。

有一个山东农村的孩子考上了北京化工大学，他的家长却在人大附中校门口等了好几天,一定要见我一面。我心想,孩子都上大学了,到底什么事还用得着我?

一见面,这位家长就告诉我:"孩子要退学。"

"什么原因?"

"想家。"

"为什么想家?"

原来,他家里就这一个孩子,父母什么事都惯着他,只要别让他吃苦受罪,父母干什么都行,结果弄得孩子一点儿独立意识都没有。孩子上了县城一中,看不见父母就哭。没有办法,父母也不种地了,就到学校附近租了一间房子,天天出去打工呀、捡破烂呀,陪孩子读书,一陪就是三年。孩子好不容易上大学了,智商挺高,可自理能力太差,离开父母寸步难行。学校管理老师给家长打电话说:"这孩子快待不下去了。"家长就急忙赶到北京来了。

我一见那孩子,发现他长得挺可爱、挺精神的,看起来也很单纯。

我跟孩子的父母讲:"培养孩子,要给他一种能力,授人以渔,不是授人以鱼。你给他鱼,他坐吃山空;你教会了他打鱼的本领,他将来才能有更大的收获。"

家长说:"我们压根儿就没这么想过,只是想我的孩子学习好,别的都不重要了。"

的确,中国独生子女家庭败不起,不是孩子败不起,而是家长败不起。许多家长不敢、不想、不愿把孩子放出去,让他经受大风大浪的历练。

我班里有一个叫陈远的学生,个子还不到165厘米,学习在班里也不太突出。他还喜欢搞些奇谈怪论,总是和大家辩论得脸红脖子粗。"非典"那年，他申请去美国留学，递签3次都被拒了。第三次被拒签后，他回来跟我汇报情况。

我问他："你被拒了3次，就没有什么反应吗？"

他说："我用英语跟他们辩论，把他们辩得哑口无言，那个签证官非常吃惊地看着我。"

我打趣道："君子动口不动手，干得不错。下一步你准备怎么办？"

陈远5月份被拒签，6月份考大学，凭他的学习功底，这时候回头再考清华、北大确实已经来不及了。

陈远说："我现在紧急到英国使馆办签证，转到英国留学。"

我说："行，我支持你。"

于是，陈远就紧锣密鼓地开始启动英国留学手续，终于赶在开学前办好了签证，被英国一所名校的预科班录取，和其他的同学一起上学了。

陈远后来跟我回忆说，那天他一到伦敦机场，取出那个比他个头还高的箱子，好不容易把它搬到机场大巴上，却不知道要去的学校在哪里。他问清楚了该在哪里下车，下了车，又一路打听。一个小孩背井离乡，拖着那么大的一个行李箱，一路上走走停停，停停问问。英国路上行人稀少，走半天找个人都困难。这么一段经历，一般的独生子女能受得了吗？

陈远说："王老师，我在问路的过程中，忍受着陌生、孤独，一路上不知问了多少人，走了多少冤枉路，才终于找到房东家。那时，我都要流泪了。"

一到房东家，放下行李，陈远就赶紧到学校报到注册，办理各种手续，回来做饭洗衣，一切都得自己料理。据说这个房东还不太友好，陈远实在受不了了，两个月后找了一个地方，跟别人合租，才稍微感觉自在了一点儿。

此后，陈远拼命地学习。不到半年，他竟然把预科班所有的科目都修完了，感动了学校的老师们，老师们一致推荐他上牛津。

那年春节前我到英国考察，去看了陈远。一般男生都觉得自己的房间像猪窝一样，听说我去参观，总是藏着掖着的。陈远可不一样，特意邀请我到他的房里看一看、坐一坐。嘿，那小日子过得呀，真让人羡慕！屋里烧着壁炉，还有现磨的咖啡。

我出国的惯例是：见到自己的学生，临走都要给他们留下点儿现金。快过年了，就当是压岁钱。陈远不但坚决不要，还给我包了一个更大的红包——1000英镑！

他说："您第一次到英国来，得买点儿喜欢的纪念品什么的。"

我问他："你小子上哪儿弄这么多钱？"

陈远回答："每个周末我都要去实习，现在已经被一家银行留下了，我还有一些股票投资。"他骄傲地说："虽然我还没有毕业，但挣得比我爸还多呢。"

这孩子把我感动得不行，我问他："今年多大了？"

"22岁。"

才22岁就已如此独立自主，所以，是雄鹰就得展翅蓝天，是蛟龙就得回归大海。临走时，我还是悄悄把钱给他留下了。

可怜天下父母心，家长觉得自己的孩子总是长不大。在幼儿园，你把他当个孩子，上小学了，你就应该把他当小学生对待。迟早有一天，孩子是要走向风雨、搏击浪潮的。这种能力什么时候培养？现在就开始！敢于放手，敢于让孩子单飞，让他在生活的波澜起伏中历练，这样的孩子才能快速成长。

澳大利亚的一位动物学家从亚马孙河流域带回两只猴子。一只壮硕无比，一只瘦小孱弱。他把它们分别关在两只笼子里，精心喂养，观察它们的生活习性。一年后，壮硕的猴子死掉了，瘦小的猴子却安然无恙。动物学家重返亚马孙河流域对猴群进行研究，终于发现，凡是体大健壮的猴子，因为强势，总能分享其他猴子的食物，但是这类猴子不能离群，一旦被捉住，很难存活。相反，那些在太阳底下闭目养神的猴子，长得都比较瘦小，很少分享到其他猴子的食物，只能靠自己，个体存活能力很强。

这个实验告诉我们：对于一切生物而言，缺乏交往的生活是一种缺陷，缺乏独处的生活则是一种灾难。

我的学生肖盾高二时获得了中国香港雷瑞基金资助，远涉重洋，到英国剑桥大学留学。

临上飞机，肖盾给我打了个电话，说："王老师，我马上要登机了，跟您告个别。"

我说："肖盾，别人出国我可能不放心，你出国我是一百个放心的，因为我从你的身上，看到了12班的强大，中国人的尊严。我相信你在英国，一定会为中国人争气，为12班争光的！"

肖盾激动地说："老师您放心，我一定会的！"

到了英国剑桥，华人很少，有一部分英国人对中国人有些误解。肖盾走到哪儿，这些误解都紧随他左右，每一次他都给予严肃回击。可那么多人对中国存在误解，肖盾总不能跟他们每个人都理论一遍吧！于是，他用自己打工赚来的钱，把学校的礼堂给包了下来，然后张贴了很多表现中国改革开放巨大成就的宣传画，举行了一期中国宣传周。开幕那天,去了很多的学生,面对各种友好的、不友好的提问,肖盾都不卑不亢、有理有据、慷慨激昂地给予回答或驳斥。

之后不久,英国评选留学生金奖。肖盾前后经历了7轮大赛,一路过关斩将,杀进了决赛。

决赛前,肖盾给我打电话说:"老师,我今天要参加英国留学生金奖决赛。"

我说:"决赛有几个人?"

"7个。"

"几个金奖?"

"1个。"

"那肯定就是你了,那7个人里面还有华人吗?"

他回答:"就我1个华人。"

我说:"是呀,你是代表13亿多的中国人去争光的。"

后来,肖盾果真拿到了金奖。

颁奖后的一天,肖盾又给我打来电话,说:"那天颁奖仪式的场面不亚于奥斯卡颁奖典礼。剑桥大学的中国留学生们跑到主席台上,把我高高地抛到空中,称赞我为中国争得了荣誉。"

我不免又来了一通说教:"一个中国人,如果连自己的国家都不热爱,到任何国家,别人都会瞧不起你。在英国,你之所以能得到这个金奖,就是因为大家从你身上看到了中国的强大,看到了中国人的骨气,大家敬佩你的人格,从而尊重你的祖国。肖盾,你要记住,你永远是中国人,一定要热爱自己的祖国。"

我在英国期间,曾到剑桥大学看望肖盾。他妈妈说:"王老师,您一定要到肖盾的房间去看一看,那可是牛顿住过的地方,只有获得最高荣誉的学生才有资格去住。"我进去转了一圈，在里面照了张相，笑着说："当年是牛顿，现在是肖盾，挺有规律的嘛！"

这世上，有一个人的寂寞，一个人的孤独，更会有一个人的坚强。**不要害怕把孩子放入一个孤独、严峻的境地，在这种情况下，他的自尊、自强会突然觉醒，成为他瞬间独立成熟的催化剂。**

● **父母口出善言，孩子心存乐观**

常言道，少年不识愁滋味。我对这句话不敢苟同，成年人面对过大的压力，都会产生焦虑、抑郁，更何况是心理承受能力更为脆弱的孩子们呢。现在的家长又常常给孩子赋予沉重的学习负担，导致他们内心愈发愁苦。

作为家长，别说你没有给孩子增加心理负担。只要孩子稍微玩一会儿你就觉得是在浪费时间，你有没有这么想过？孩子成绩一下滑，你就非打即骂，你有没有这么做过？"××家孩子又考第一了，你看看你！""爸妈的清华北大梦可就指望你了"诸如此类的话，你有没有说过？

你们在这么想、这么说、这么做的时候，有没有想过孩子的感受？有没有想过他们的年纪和阅历是否足以承受这么大的心理负担？有没有想过这些日积月累的负担所带来的压抑感，是否会令他们自暴自弃？

我有一个学生，她的成绩一直很好，经常考第一名，她的父母也自然而然地把对她的要求定为了"第一名"。直到有一天，当她再一次拿到第一名时，却怎么也开心不起来。欣慰的是，她选择了求助于我。

"老师，我觉得好累。爸爸妈妈给我的要求是第一名，我不想让他们失望。可是，班里学习好的同学好多，我每天都很害怕他们超过我，考试的时候也生怕发挥失常，每天都活在恐惧中，我该怎么办？"

就是这样一个父母看来很正常的要求，却在孩子心里造成了极大的负担。

我连忙安慰她："这样好不好，我负责跟他们沟通，把对你的要求改为班里的前五名，你负责调整好自己的心态。我们都相信你绝对有考第一的实力，但是如果没有考第一也没关系，你只需要跟老师保证，这次错的题以后再也不会出错就行，好不好？"

她一下子就笑了："谢谢老师，我感觉压力一下子就小了很多，您放心，我不会因为要求低了就不好好学习的。"

那以后，她依旧每次都得第一名，笑容越来越多。她还抽出时间参加演讲比赛，还得了奖，成为一个全面发展的人才。我非常开心，这个决定看来我是做对了。适当给她降低目标，减轻了她的心理负担，让她每天在轻松的状态下学习，成绩反而越来越稳定，兴趣爱好也得到了全面发展。

这样全方位发展的人才不是很好吗？很多家长在对子女的教育中，反复强调孩子的成绩一定要好，成绩好了就会众星捧月爹疼娘爱，成绩不好就得被骂被打一无是处。久而久之，在孩子心里就留下了这样一个印象——学习成绩就是我的天，成绩不好，天就塌了，爸爸、妈妈、老师、同学就都不爱我了，我就完了。在这样的心理压力下，孩子能不崩溃吗？成绩一旦不理想或稍有下滑，就有可能击垮孩子脆弱的内心，毁掉一个未来的人才。

其实说到底，减轻孩子的心理负担，不单要教会孩子乐观地看待成绩，家长更要摆正心态。可以说，家长甚至比孩子更需要有乐观的精神！

正确的做法是什么呢？学习的重要性可以说，但不可以夸张。家长要主动适当降低孩子的学习目标，增加他们的课余活动，比如鼓励他们和小伙伴出去玩，或是和他们一起进行体育运动等。有适当的玩耍，才能有好心情；有充足的锻炼，才能有好身体；两者皆有，才能更好地学习，才能让孩子成为一个阳光健康、积极向上的人才。

● 鼓励、肯定暖人心，不做孩子的"差评师"

孩子要想成为英才，什么最重要？是自信！什么会毁掉孩子的自信？是持续的否定。

中国的家长和外国的家长有一个很显著的区别，那就是：中国的家长总是喜欢打击型的教育，做不好要打击，做好了也要打击——生怕不打击孩子，他就骄傲了，下次成绩就滑坡了。殊不知，持续的打击日积月累下来，其危害胜似砒霜啊！

道理说起来简单，可是大多数家长都会不由自主地把否定作为面对孩子犯错的唯一处理方式。孩子贪玩，家长否定；孩子追星，家长否定；孩子睡懒觉，家长否定。久而久之，孩子觉得自己既然做什么都是错，那索性就不要听话，破罐子破摔好了。

我在人大附中当班主任时，有一个学生的妈妈经常来找我哭诉，内容无非是"我儿子不好好学习，他天天就知道听歌、追星，说他也不听，说多了，他就把门锁上不出来"。一番话听下来，我知道她表达的全是儿子这也不好，那也不行，耗费了她的心血。我提醒她：

"您不妨先和孩子做个朋友，聊聊他的喜好再说。"

等她再来找我的时候，抱怨的话变成了儿子如何不配合，她如何跟儿子没有共同语言，如何没说两句就跟儿子吵起来了。我问她是怎么跟孩子沟通的，她的回答让我大跌眼镜。她说："我就跟他说，你天天听那些没用的东西，喜欢那些没用的偶像，为什么就不能好好学习呢？你看看别人家的孩子考多少分，你还有脸在这儿听这些？你太对不起父母对你的期望了。"

瞧，她一上来先否定了孩子的全部爱好，又把他描述得一无是处，别说是正处在逆反期的孩子，就是成年人的自尊心也接受不了如此的打击啊。

我只问了一句话就让这个妈妈沉默了："你想让你的儿子成为英才，除了不断地否定他，你还做了些什么？"

第二天，我把这个男孩叫到了办公室，但是我并没有跟他谈学习谈成绩，而是选择了聊他最爱的偶像。

"你喜欢周杰伦，是吗？我也喜欢他。"

他明显愣了一下，很快，他的神色就由刚进门时的紧张变为惊喜。看来，想和一个青春期的孩子沟通，填平代沟有多么重要！我再适当地迎合一下他的爱好，就能搭起一座沟通的桥梁了。

"对，我超喜欢周杰伦，老师你也喜欢他？"

"是啊，说说看，你喜欢他什么？"

"太多了，他超酷，歌都是他自己写的，特别好听……"说到这个话题，他的话明显多了起来。

我看到沟通的氛围变得融洽，便顺势把话题慢慢引到学习上。我说："我喜欢周杰伦，是因为我知道他之前的音乐生涯非常不顺利，处处不如别人，但是他从没有自暴自弃，就像他唱的歌一样，有一种'蜗牛精神'，我非常欣赏他的这种不服输的精神。"

他听完，马上对我的话表示认同："没错没错，他就是特别坚持他的梦想，是不是特别棒？"

我乘势追击："他是很棒。你也不差呀，你要是能像他那么努力，肯定比他更棒！"

"真的吗？我妈总是说我这不好那不好，我现在都不太相信自己了。"

"怎么会呢？老师看人很准的，你只要努力，一定能让你妈妈刮目相看。"

谈话虽然短暂，效果却相当惊人。之后的几个月，这个孩子改变了很多，上课不再睡觉，作业也开始按时完成，甚至还会额外地做一些练习题。多年后，他考入了名牌大学。有一次提起这件事，他说："当时我决定改变，是因为以前我一直活在否定中，第一次有人这么认可我，看好我，我从内心里非常感动。您当我是知己，我也不想让您失望，所以我才努力的。"可见，肯定比否定更能激发孩子心中的斗志，斗志决定了一个孩子会付出多少努力，努力决定了孩子会取得什么样的成绩。

类似的谈话应该贯穿在孩子成长过程的始末，但全靠老师不太可能，因为每个老师每天要面对很多个孩子，很难照顾到每个孩子。**孩子们更多的时间，直接面对的是家长的。**更何况，家长作为他们最亲的人，家庭作为他们避风的港湾，在这里得到肯定和鼓励，更能让他们感受到温暖，并树立信心。相关机构曾做过一次调查：一个经常得不到肯定的人，他的潜能仅能被开发到20%~30%；一旦得到肯定，他的潜能将会被开发到50%；如果这个肯定来自于家庭，那么他的潜能将会被开发70%~80%。各位家长，还犹豫什么呢？

● **简朴仍然不过时，踏踏实实才是真**

现在人们的生活条件越来越好了，在孩子的教育问题上，越来越多的人开始推崇"富养"孩子。在吃穿方面，我从来不会亏待我女儿，她有什么要求，只要不过分，我都会尽量满足。我不认为自己是在"富养"女儿，我也不认同"富养"的观念。在我看来，"富养"难以让孩子脚踏实地。

有一次坐地铁，我看见两个孩子，他们每人手里拿着一款智能手机，正在那里对比，看谁的手机品牌好、型号新。看到这一幕，我不禁感慨万分，我能认出其中那款较高档的手机，还是因为同事刚刚托人在香港买了一个，而他托人在香港买的原因就是嫌这款手机在北京卖得太贵，这样他就可以节省将近2000块钱。一款差价有2000块钱的手机，可想而知它有多贵，但它却成了孩子们手中用来攀比的玩物。

追求名牌、追求前卫是当今学生们的"半成熟心理"的表象，缘于他们对社会、对外界的模仿。再加上潜滋暗长的虚荣心，他们为了吸引周围人的注意力，就会在衣着、新潮电子用品等方面与同学攀比。你玩酷的，我更酷，我超酷，我酷毙了！

孩子之所以这么喜欢攀比手机、攀比衣服、攀比吃喝，其实是他们内心不自信的表现。因为不自信，所以他们更在意外在的东西，并想通过这些外在的事物"证明"自己。

一些在年轻时吃过苦的家长现在的经济条件好了，于是"再也不想让孩子像自己当年那样受苦了"，所以他们会尽可能地满足孩子的一切要求，尤其是对金钱、物质上的要求。还有一些家长虽然自己生活很简朴，省吃俭用，却倾尽全力满足孩子的要求。我就曾经亲眼看见一位穿着朴素的母亲，领着孩子去买鞋。他们去了阿迪达斯专卖店，孩子看上一双两千多块钱的鞋，售货员介绍说这款鞋的功能有多好，孩子立刻就喜欢上了。我以为他的妈妈不会同意，没想到她完全没有犹豫，很平淡地说："那就买这双吧！"从她的态度和孩子的神情来看，这样的鞋他们应该不只买过一双。

**家长自身的虚荣心与攀比行为也在影响着孩子，再加上精神上和物质上的娇宠，无形中助长了孩子的攀比心理。因此，孩子攀比行为的养成，始作俑者的家长自然难辞其咎。**

我们经常抱怨孩子不懂节约、好攀比，那孩子"要面子"的心理到底是从哪儿来的呢？不就是家长一点一点地"培养"起来的吗？要想让孩子不爱慕虚荣，不跟同学比吃比穿，家长应该怎么做呢？

第一，也是问题的关键所在，就是要多肯定和鼓励孩子，要从各个方面入手，帮助孩子建立自信。孩子自信了，攀比的事物就会从外在转向内在，积极参与正面的竞争。

第二，必要时跟孩子讲一讲：家长的工作状况是怎样的，需要怎样的劳动才能赚到工资，每月的收入有多少。要让孩子清楚家里的经济状况，学会体谅父母，懂得珍惜父母的劳动。

第三，也可以让孩子帮忙做家庭理财，参与安排每个月的家庭支出。这样既培养了孩子做事的能力，又可以让孩子约束自己。

第四，要教育孩子树立正确的人生观和价值观，让孩子把心思放在学习上，多跟同学比较学习和精神层面的事物。

第五，要培养孩子延迟满足心愿的能力，从而珍惜自己的所得。

对于孩子的要求,家长不要马上答应,而要让孩子体会到渴望的滋味后再满足他。因为来之不易,孩子才会懂得珍惜。

最后,我还想提个小小的建议:有时候,家长要适当地满足孩子小小的自尊心。为孩子保留一份"面子"也是必要的,因为这样可以保护孩子暂时不因为外在的东西不如别人而变得自卑,过后再引导孩子将注意力转移到内在的事物上来。

● **家教,仅仅是孩子前行路上的一盏灯**

在山东省升学率不到30%的情况下,我能把一个普通班的孩子100%送上大学;我能把人大附中一个班中的37人送入清华、北大,10人带进哈佛、牛津;将自己的独生女儿送进了北大。很多家长在我的博客上留言:"王老师,您是数学老师才能做到这个成绩。我们不是老师,不懂数学,我们要怎样才能教育好自己的孩子呢?"

这样问的家长都是在找借口!

英才教育从来不要求家长们琴棋书画、语数外理化生样样都行,也不要求他们把自己的事业都牺牲掉,全力去辅导孩子做题。培育英才,家长只需要明确并做到以下两点就行。

第一,做孩子前程的"设计师"。

对孩子来说最为重要的是什么?是成长,是前程。孩子也许有自己的理想,但是被过量的学习任务所压,根本没有机会、也没有精力去考虑自己的前程该如何设计,同时他们在这方面也是毫无经验的。中小学阶段的前程设计又是非常重要的,这个重要的任务谁来完成?只有家长!所以,家长的第一个角色应该是孩子前程的"设计师"。

第二，做孩子的"心灵导师"。

因为学习压力大、课业负担重、社会环境复杂，所以孩子的心理诉求普遍被忽视；同学交流有限，家中没有兄弟姐妹，孩子的苦闷往往找不到宣泄出口。因此，家长必须学会做孩子的"心灵导师"。否则，孩子的心理问题会越积越多，到最后形成心理疾病，再想好好学习，就很困难了。所以，家长要充当孩子倾倒"心灵垃圾"的回收站。

一个方向明确、心态阳光的孩子，就会自发地成长为英才，而良好的家教是孩子们成才路途上的一盏明灯。一盏灯，一条路。

## 用心的教育更成功

我想告诉大家：**教育，只要用心，就有可能成功；只要开始，就永远不晚。** 设计孩子的成长道路，支持和帮助孩子发展，任何时候开始都不晚。在孩子成长的路上，每一步都深深浅浅、曲曲折折，只要有父母这双温暖的手时常牵着，孩子就能安心、平顺、幸福。

我每接手一个新的班级，都会详细地了解每一个学生的档案和成长背景，给每个学生设计一条适合他发展的路。最后，我的那些学生们的高考分数不一定最高，但是他们上的那些学校，往往都是最适合他们的。你说为什么？就是因为有"提前设计"。

### ● 设计孩子的成长之路，任何时候都不晚

我们先来看一道选择题。

如果我告诉你，某年人大附中有一个班，只有13名学生，这13名学生全部考入牛津、剑桥、哈佛、耶鲁等世界一流名校，你怎么看待这群孩子？

  A. 天才  B. 狂人  C. 关系户  D. 吹牛

以上选项都不对。这个班的学生原本没有任何过人之处，要考上清华、北大希望渺茫。然而，他们轻轻松松地学习了3年，结果就读的高校比北大、清华更优秀。

他们就是人大附中A-level班的第一届毕业生。

在启动A-level班的时候，学校召开班主任会，向老师们推荐这个班，让老师们动员一部分家庭经济条件允许且有意向的学生报名。很多老师和家长不理解，认为这个班前途未卜，甚至有的家长明确

地发言质疑："我不知道这个班会不会更好，我只知道它现在是第一届，没有人能保证它的零风险，我的孩子绝不可以去当这个试验品。"

我理解家长的想法，没有人能保证它的零风险，但即便是传统的高考，也是有很大风险的啊。据我分析，学校办A-level班是第一年，不可能只有一届，将来还得一直办下去，学校肯定会不惜一切代价把第一届学生培养好，力创品牌。所以，我回到班级，积极地动员学生们报名加入。谁想去都行，能去就去。当年的第一届A-level班只招了13个学生，我教的两个班就占了6个名额，他们都不是学习成绩最好的孩子。

A-level班的优势在哪里？那就是学生学的都是英国高中的原版教材，上课全部由英国的老师用英文讲授。在这种环境熏陶下，学生的英语能不过关吗？口语能不地道吗？在考试前，英国的合作学校把卷子寄过来，学生考完了以后，学校再给他们寄回去。并且，像大学一样，考一门过一门，然后得到相应的学分。等学生累计到一定的学分后，学校才给予毕业证书。这个毕业证书几乎在英语语系的任何国家都认可，学生可以报考它们中的任何一所名牌大学。但是，因为A-level班和普通高中班级所学的内容差异很大，学生就不能参加国内的高考了。

英国高中课程的难度远远低于咱们国家，虽然是用英语讲课，但A-level班的学生们都感觉很轻松、很快乐。结果，第一届A-level班毕业，13个学生全部上了英国、美国、加拿大等国家的一流名校。

没报A-level班的许多学生都后悔了："我以前学习成绩比A-level班的学生还好呢，最后考上的学校反而不如人家。现在我也想出国留学，考这个考那个难死了，英语也不敢说，A-level班的同学那么轻松就完成了。"

一时的失误，一生的悔恨。受什么样的教育，是人一生的起点，也是永远的名片。虽然世界上不乏后来居上、自学成才者，但稀里糊涂选择一个比较低的起点，往往让人一生饱受磨难。家长要"敢为天下先"，给孩子一个更大的舞台、更广阔的前景。

有一个叫王菲菲的女孩，毕业当年考上北京大学数学学院。那年，中国香港的香港大学开始在国内招生，并给了北京大学八个招生指标。这些学生大学一年级在北大，之后就可以免费去香港大学念书，相当于交换生。当时在国人的心目中，北京大学的地位要高出许多，对于香港大学，许多人不了解。

王菲菲就来问我："我们学校分了八个到香港大学上学的指标，您说我报不报呀？"

我回答："当然应该报了。"

我告诉她："香港的文化氛围和北京有很大不同。你已经对北京很了解了，如果你到了香港学习，将会得到不一样的感受，会收获更多。"

我谈了我的观点以后，王菲菲就报名了。当时很多北大学生并不认可香港大学，所以王菲菲面临的竞争也不激烈，她很快通过了笔试和面试。到香港大学读了半年书，王菲菲回来跟我说："老师，这个路我选对了。香港大学的学生水平虽然跟北大的不能比，但是那边前瞻性的教育理念和学校整体开放的氛围，以及香港社会文化对校园的影响，在北大是感受不到的。"

到了大四，王菲菲又被香港大学推荐到加拿大的滑铁卢大学，在那里又读了一年书。这个孩子上四年本科，就读三所学校，徘徊在两个国家，比一般的北大学生经历丰富多了。

王菲菲在人大附中时，并不是一个出类拔萃、十分活泼的学生，上了几年大学以后，她那种自信、那种阳光、那种开阔的视野和不凡的气质，明显不一样。王菲菲在加拿大滑铁卢大学学的是会计精算专业，毕业以后，她被美国一家很大的投资公司录用了，第一年的年薪就是六万美金。王菲菲特别感激我，因为在她犹豫不决的时候，在别人都不看好的时候，我的一些观念给了她一种导向，帮她圆了一个梦。你们看，现在咱们的学生争先恐后地去香港的高校，香港大学的录取分数线比北大、清华都高，再想上香港大学有多难？所以，走在潮流之前，把握机会就相对容易一些。

有些人会说：我们的孩子没有读人大附中，我们没有机会进入A-level班并考上香港大学啊！那么，我要问："当时人大附中那么多的学生，为什么只有这13名学生选择了A-level班？北大大一的学生也有几千个，为什么只有少数几个孩子看好香港大学呢？"

所以，对孩子的前程，家长必须有先见之明。只有对教育有一个比较全面的了解，才能做出正确的判断、有利的选择。相反，有些家长对此感觉比较迟钝，甚至冷漠，总觉得这件事与自己无关，自己的孩子不能去做有风险的事。大家都不敢吃这第一口螃蟹，怕扎了嘴，卡了喉咙。家长们遵循常规思维，听从命运的摆布，无知而无奈。

每年都有许许多多的孩子出生、入园、入学、升学、高考、求职，人的一生好像一直在爬坡，在赶路。只有那些事先做好了充分准备，进行了前瞻性、智慧性选择的家长，才能够为孩子找到一条更好走、更合适的英才之路。

● **创造条件巧设计，条条大路通英才**

有的家长觉得，我们没有很好的经济条件，不能让孩子上 A-level 班，去消费比较高的香港读大学，我们没有设计的条件，也不能高瞻远瞩，所以我们只能按部就班，走那条老路。如果这么想，家长们就大错特错了。有句老话说"条条大路通罗马"，我要说"条条大路通英才"。什么叫"没有设计的条件"？即使硬性条件不足，还有软性条件啊。只要有心，不愁找不到捷径。

有一次，我的一个老乡领着上高二的儿子来找我，一见面就谈到了高考。

我说："北京大学有一年高考一共录取了2675个学生，其中保送的有573个，自主招生的有658个，再加上体育特长生、艺术特长生等，北京大学有一半以上的学生走了特殊的招生渠道，完全凭考分录取的学生还不到一半。北京大学是这样，清华大学、复旦大学、同济大学等名校也都是这样的。"

这个老乡一听，特别吃惊："怪不得我们感觉这些年考清华、北大这些名牌大学越来越难了。"

于是，他问我："王老师，什么叫'自主招生'？"

我说："孩子都上高二了，你连这都不知道呀！"

他摇摇头："不知道。哪些学校有'自主招生'的资格？'自主招生'需要什么条件？"

我说："你会上网吗？'"

"会呀。"

"那你就上网，输入'自主招生'这4个字，就会有大量信息出来。看一看这些信息，你就知道自己的孩子是否符合学校要求的条件，知道怎么提前做准备了。"

这个老乡回去以后，给我发了一封邮件，说在网上一搜，所有的事都明白了。有些学校的自主招生条件中要求获得国家级竞赛二等奖就行。他觉得自己孩子根据这一条件，进入名牌大学，比较有希望。

其实，资源对所有的学生和家长都是开放的，就看谁是有心人。孩子天天被作业压得抬不起头来，哪能顾得上自我设计？所以，家长就应该帮助学生设计发展路线。但是，很多家长压根儿不懂这些，也不愿意去学习。往往等到孩子高考结束，家长才成了"专家"。遗憾的是，孩子人生的关键时期已经被耽误，做这样的事后"专家"还有什么意义？

● 用"望远镜"规划孩子的前程

现在，家长都舍得在孩子身上花钱，教育投资几乎成为家庭第一重要的投资了。各地的少年宫、各种面向中小学生的民办、校办的培训班，生意极其红火。到了周末，家长们带着孩子，背着画夹，扛着乐器，从城东赶到城西，四处接受培训。效果如何？各种学习填满业余生活，两代人都苦不堪言。

不是拿着"望远镜"给孩子规划前程，而是攥着"聚焦镜"强迫孩子跟风、死磕，这样的家长大有人在。在一个人的智力开发期，如果学习的内容是他感兴趣的，那么他的潜能就会极大地被激发；如果这些内容他完全不感兴趣，他的智力就会被扼杀。跟风教育出来的孩子，心理问题越来越多，性格缺陷也越来越大。当孩子走向社会时，发现学的东西不再那么重要，社会认可的是个人的综合素养，他就失去了竞争力。这时怎么办？所以，家长必须"提前规划"。

2008年北京举办奥运会，2012年伦敦举办奥运会。为加强两个城市的文化交流，在2008年春节前，英国教科文组织主办了一次来京考察活动。我是中方的项目负责人，英方则由大名鼎鼎的伦敦政经学院的领导负责。我随英方负责人来到伦敦初中二年级的一个班。这个教室里没有黑板，取而代之的是一个投影仪、一个屏幕；没有课桌，只有6张圆桌，像个大餐厅。每一个圆桌旁边有七八个学生围着，他们有做手工的，有做游戏的，有聊天的，也有看书的，还有做作业的，总之干什么的都有。教室里有三四个老师在辅导学生。

我好不容易发现了一个做作业的小男孩，拿起他的数学书看了看，你知道一个初二的学生在做什么数学题吗？3除以5等于多少。我就指指这个题让他做。他从书包里掏出计算器，先按了"3"，再按了"÷"，又按了"5"，最后一按"="，那个屏幕上显示"0.6"。然后，这个男孩就用无比期待的眼神看着我。

我连忙竖起大拇指："Very good！"

这就是英国的教育。

这样的题，我们国家小学三年级的学生都会觉得太简单，可人家初二的孩子用计算器做出来，还兴奋得不得了。在英美国家，上午9点上课，下午3点放学，学生作业很少，学习轻轻松松。不是英国人傻，美国人不聪明，人家也知道这样教育出来的孩子学习成绩一般，但他们宁愿这样做。为什么？因为他们非常清楚，中小学时期应该是享受童年、童真、童趣的时期，学校应该培养孩子健全的人格、阳光的个性、广博的爱好和与人交流的能力。学生上了大学，年龄一大，就开始拼命学习。而且，高校的教学质量要求非常严，比如剑桥大学每年淘汰率高达20%，伯克利大学一年要淘汰30%的学生，极其严酷。去了这样的学校，谁敢不学？

我们国家恰好相反，孩子们中小学阶段被如山的作业、成堆的考试训练成了学习机器、考试机器，一旦考上大学，整个人就松懈下来。中国的大学基本上没有淘汰率，有些学生对学习的态度就是可学可不学。即使这样，还有一些大学生觉得压力大。既然家长不能选择教育体制，也不能使劲逼孩子，那么孩子要想在现有的环境下占有一席之地，家长应该怎么办？还是得提前设计。

**不管是从教育制度、社会因素，还是孩子自身状况来看，提前规划孩子的发展方向都是家庭教育中不可或缺的一个环节。**别等到孩子彻底被淹没在人海中的那一天，空留一声叹息。

培育英才从什么时候抓起？当然是从小开始，越早越好。

一个人的童年阶段完成了一生智力开发的80%，阅读力、记忆力很强，背唐诗、学外语、做奥数题，他们都能很快掌握。至于艺术特长，更需要童子功。比如舞蹈，到了中学你再来训练，基本上就晚了；一些竞争比较激烈的乐器项目，如拉二胡、拉小提琴，也必须从孩子七八岁时就抓起。

我前面提到的学生肖盾，曾任伦敦瑞士瑞丰银行投资银行的副总裁，现在是一起作业网联合创始人。他当年作为一名中学生，英语水平到了什么程度？人大附中组织孩子们到美国参加世界头脑奥林匹克大赛，全队师生没有带一名翻译。因为，有肖盾在，根本就不需要翻译。比赛结束，他就拿着当地的旅游手册，领着大家到处观光。原来，在肖盾还没出生的时候，他的爸爸妈妈就已经设计好了——如果生的是女孩，就重点培养她数学，因为数学往往是女孩的弱项，要提前将"短板"补足；如果是男孩，就下工夫教他外语，因为男孩的语言能力通常弱一些。这样，在肖盾还牙牙学语的时候，家里就推行了"双语制"。

当然，前提是父母都还能说一点儿英语，虽然口语水平并不高。肖盾刚上小学，就已经是个英语通了，甚至很多词他是先会说英语，再会说汉语的。早上看到太阳，一开口就是"sun"；晚上看见星星，又喊着"star"。"太阳"和"星星"的汉语发音他反而学得慢一些。

因此，肖盾从小就显得格外自信。课堂上，别的孩子开口说英语总是怕出丑，声音小得像蚊子叫，手也不知该往哪儿放。只有肖盾大大方方，就像在跟大家聊天一样，只不过用的是英语。

有一天，英语老师忍不住问肖盾："你们家是不是刚从国外回来？"一个来自推行"双语制"的普通中国家庭的孩子，竟然被英语教师误以为是"从国外回来的"！粗通英语的年轻父母何其多，具备国际眼光真有我们想象的那么难吗？依我看，差距就在于是否尽了这份心。

● 从长项做起，会达到意想不到的高度

很多孩子都有与生俱来的天赋，比如唱歌、跳舞、演奏乐器等等。可是，为什么大多数孩子最终归于平庸了呢？因为他们的天赋都或多或少地被家长们扼杀了。"一个男孩跳什么舞，这都不是正经事""天天就知道听歌，学习不好有什么用"，类似的话想必很多家长都说过。事实上，不少名牌大学都专门录取特长生，这对于想考取名牌大学的孩子来说，是一条非常好的特殊渠道。至于是否要走，能不能走，家长需要准确地掌握孩子的喜好和特长，为孩子提前设计。

曾经有个沈阳的男孩，父母领着他到北京来找我，说孩子根本不学习，天天就知道跳舞。

我笑着说："孩子这个爱好不是挺好的吗？"

他妈妈说："就是不学习呀！"

"到什么程度呢？"

"反正在班里很差。"

我就问那个男孩："你喜欢跳舞？"

他点点头："嗯，我特别喜欢跟着那种节奏感强的音乐跳舞。"

我一看那个小男孩，还真帅，体型也挺好，于是问："你练过舞蹈吗？"

"我读三年级的时候，报过一个舞蹈班。"

"你会跳什么舞？"

"桑巴。"

"扭两下。"

他跳完一段，我一看挺有意思，别有韵味。于是，我建议他的父母给孩子报个少年宫的舞蹈训练班。

孩子的家长起初非常反对："王老师，我们来就是让您劝劝这孩子，让他别天天跳舞不学习，怎么您现在还让我们给他报舞蹈班呢？"

我说："你们先别急，我看这孩子是真心喜欢舞蹈，管是管不住的，越管他越喜欢，与其让他自己瞎练，不如让他接受专业的训练。

即便将来不吃舞蹈这碗饭,高考时也有可能获得特长加分,还能让他对你们的理解心怀感激。一石三鸟,有什么理由不这么做呢?"

家长一想有道理,就表示:"那就先让他练练看吧!"孩子高兴极了。

我又跟孩子说:"舞蹈就是在音乐中散步,在音乐中运动,那种感觉,比运动更美。伴随着美妙的旋律翩翩起舞,我觉得对一个人的精神状态、整体素质都是非常好的锻炼。但是,要想练好舞蹈,也需要有坚强的毅力。一段桑巴跳下来,心脏的跳动比跑一百米冲刺还要剧烈。你吃得了这个苦吗?"

他非常坚定地回答:"我能。"

回去后,孩子的家长就在舞蹈培训班给他报了名。孩子就这样一路练习舞蹈,体型越来越好,也越来越有吃苦精神。在中考的时候,他作为舞蹈特长生,进入了重点高中。高中期间,他又到北京舞蹈学院训练了一个假期,技艺大有提高。

后来,我又和他说:"你将来可以走特长之路,但是你的高考成绩必须达到当地的一本线,才可能进重点大学;如果达到当地的二本线,你也可以上一所比较好的大学;要是连二本线都达不到,你就没戏了。所以,高中这3年,你既要保证练好舞蹈,学习上还得抓紧。这可不是一件容易的事。"

孩子郑重地点点头。

这以后,孩子更加懂事了。舞蹈玩命地练,学习也没有半点放松。高考那年,他够了一本线。作为艺术特长生,他被北京科技大学录取了。

有些家长也许会说:"扭屁股抡胳膊的,那不是大老爷们儿干的事。"其实，在各地重点高校中，舞蹈特长生的需求量很大，竞争也很激烈。跳舞的女孩严重过剩，男孩则很抢手，占有更大的优势。

很多孩子，从小就被家长送去上这个特长班，那个特长班。至于为什么要上，大多是因为别的孩子在上，所以家长也让自家孩子去上。这种盲目的行为与我所说的"设计"差距很大，既花费了钱财，对孩子的未来也没有多大的益处。

等孩子日渐长大，大多数的家庭都自觉或不自觉地放弃了孩子的特长学习。这时候，很多家长整天为孩子操碎了心，又迷惘，又痛苦。为什么？因为他们不知道该怎么为孩子设计。他们头脑中只有一件事——学习。只要孩子学习好，一好百好；学习不好，什么爱好都是不务正业。

家长们不知道，特长能让孩子体验成功、感受自信，最后全方位地优秀起来。我上面讲到的这个男孩，如果不让他去发挥舞蹈特长，他可能一直是个"差生"。家庭气氛剑拔弩张，孩子也找不到学习感觉。给他自由，让他跳舞，孩子找回了自信，增强了学习能力，成绩自然也迅速上来了。

所以，从小上特长班，培养孩子有个特长其实是好事，但重点还要看家长们怎么规划。**平庸的博士和优秀的木匠，要先选择做一个优秀的木匠。** 从长项做起，会达到意想不到的高度。

## 避开设计误区,英才养成少走弯路

看了我前面的讲述,家长朋友们肯定能感觉到——在孩子成才的过程中,家长的角色是至关重要的。家长有为孩子的前程做好设计的义务,那应该怎样设计呢?在我每次说到这个问题的时候,家长们都会说:"王老师,您给我们一个模板吧,我们照着做就行。"这种要模板、图省事的想法是错误的。

每个孩子都是独立的个体,每个孩子的天赋都不一样,所要走的路也是不一样的,没有一种教育孩子的模式是放之四海而皆准的。在为孩子规划前程的这件事上,我只能告诉大家一些需要注意的原则,而不能告诉大家具体该怎么做。在这些原则之下,根据孩子各自的特点,相信每个家长都能找到适合自己孩子的英才成长之路。

● **孩子喜欢是前提**

其实,我在为孩子设计上也走过一段弯路。

20世纪80年代末,我在沂水一中任教,每个月工资不到100元,生活清贫。有一年,我们几个老师合编了一本书,卖得还挺火,一次挣了一万多块钱。之后不久,我去济南开会,第一次看到钢琴,一弹,"叮叮咚咚",声音还挺清脆。当时,女儿刚出生,我怀着一种模模糊糊的期望,交了钱,买了钢琴。当钢琴送到家门的时候,它死沉死沉的,我只好招呼一群老师跟我去抬。

大伙儿议论纷纷:"啥东西啊,这么稀罕?"

大家打开一看,是钢琴。在那个年代,那个小地方,花10000块钱买那样一个大家伙,我可是出尽了风头!

我当时的愿望也很朴实——怎么也得让自己的孩子接触点高档次的东西。实际上，女儿学得很不愉快，我们只好天天逼着她练习。

有时候，她一边弹就一边哭，抽抽搭搭地说："这是为什么？学钢琴的目的是为了考级，考试的目的是为了排名，这到底是为什么？"那种痛苦的呼喊，我一听，心想："算了，别逼她了，顺其自然吧！"

钢琴梦就这样被搁浅了。

孩子上初一以后，我发现她的乐感还行，于是我的虚荣心又开始作祟了。我当年没考上名牌大学，我的孩子要再不能上一个名牌大学，那真是遗憾。

人们常说，笨鸟有三种飞法：一种是先飞；一种是后飞；还有一种是不飞，然后从容不迫地下个蛋，把自己没有实现的理想、愿望，都交付给这个蛋。许多做父母的就是有这种心理，自己完不成的任务，未酬之志，就想着在自己的孩子身上实现。

以女儿当时的学习水平，她肯定考不上北大，必须另辟蹊径。于是，我开始为孩子选乐器。为此，我真动了脑子，在清华、北大四处找人咨询。经过多方考证，几次调整，我最后选中了中阮①。乐器选好了，我心里仍不踏实。我得吸取之前孩子练钢琴的教训，不然万一孩子犯拧，中阮也不学咋办？

有一天，吃过晚饭，父女俩出去散步。

我开讲了："中国五千年的文化博大精深，其中有一朵奇葩，那就是民乐，知道吗？"

女儿莫名其妙地点点头。

---

① 中阮：弦乐器，音色恬静、柔和，富有诗意。

我继续说:"你看你长得漂漂亮亮的,将来穿着一身民族服装,站在国际舞台上,演奏一曲民乐,技惊四座,全世界的目光都朝着你看过来了,那感觉……真是……哎呀……"

女儿被我描述的美景打动了,兴致勃勃地说:"老爸,有意思。要不,您给我选一种乐器?"

我说:"听说全国学中阮的人很少,那个特好!"

"要不,您给我买一个吧,咱练练试试?"

其实,我早给她买好了。这一回我真没想到,一个对钢琴根本不感兴趣的孩子,竟然如此钟爱中阮。我那天描绘的美景,深深地印在女儿心中。孩子把弹中阮完全当成一个爱好,而不只是特长,一天不弹都觉得难受。我陪她回老家,她背着中阮;参加夏令营,她也背着中阮。车站机场,人来人往,一眼就能看见她一个小女孩背着一把乐器,真是一道风景。看女儿那股子劲头,我就想:"这孩子进清华、北大,没问题了!"

● **自身条件要过硬**

有一年,我接了高一的一个班,班里有个男孩,身材长得比较匀称,但是个子不高。这孩子从小对篮球如痴如醉,可是家长老犯拧:"你不把学习搞好,就不能打篮球!"孩子的不满可想而知。家长无计可施,就来问我:"您看这孩子怎么办?"

我提议:"你们能不能陪着孩子去测量一下骨龄?看他适不适合发展篮球特长?"

家长摇摇头:"他不去。"

我安慰他们:"你们别着急,我先跟孩子谈谈。"

从哪里谈起呢？那就先说篮球吧。

我说："你喜欢NBA吗？"

"喜欢。"

我继续问："你最喜欢的NBA球星是谁呢？"

"我最崇拜乔丹。"

我一拍大腿："咱们两个人太有共同语言了，我到现在也特别喜欢打篮球。上学期间，只要见了篮球，我就什么都不顾了，忘了回家的路，忘了看书做作业，叫父母揍个半死，还是'旧情难忘'。哎呀，篮球确实是有魅力。"

他一听，喊道："太有同感啦！"

我又问："你想不想知道，我是怎么考上大学的呢？"

"想。"

我说："我们那个时候上学，学习任务基本没有，又不考试，精力有一点儿过剩。当时也没什么娱乐活动，只有篮球可以打。慢慢地，我就打上瘾了。我是篮球队里的得分手，篮下动作很漂亮。比赛的时候，我进球最多，动作最潇洒，同学们欢呼雀跃、欣喜若狂，我感觉自己好像当了英雄一样。但是，后来恢复了高考，我想考大学了。我这个高中一年级的学生，突然发现，连初一的内容我都不会。我这才感觉时间紧迫，必须用功了。而在学习的过程中，我感到钻研带来的乐趣比打篮球的乐趣还要大。后来，我对篮球的兴趣渐渐就淡了。我在痴迷的状态中，努力学习了一年，考上了大学。在大学里，很快，我的篮球特长又得到了充分的发挥，成了大学班里的主力中锋。比赛开始，周围一帮女孩为我加油助威，那感觉，特棒！"

孩子觉得我特别够意思，就开始提问："老师，您说我将来该走哪一条路呢？"

他终于上道了，我赶紧夸他："你这孩子真懂事。你是高一的学生，前面还有两年时间，可一旦错过，你一生的黄金时间就没有了。你可以继续打篮球，这是一个很好的运动，总比有些人没事天天瞎折腾强多了。但问题是，咱们必须设计将来走哪一条路，如果要考虑这件事，一天到晚晕头转向的光知道打篮球，肯定是不明智的。你觉得我说的有道理吗？"

孩子点点头。

我继续引导他："你是不是特别喜欢打篮球呢？那你应该知道，篮球是一项巨人运动。一旦你把篮球作为一种职业，个子不太高，身体的弱势就暴露出来了。为了克服这个弱项，你可能要比别人多付出几十倍的努力作为代价，还很难成功。将来大学招篮球特长生，也有一个基本的身高要求，你若达不到，那是要一票否决的。所以，我建议你到医院去测一下骨龄，看看你能长多高，然后咱们再商量下一步。如果你能长到180厘米以上，打篮球的基本身体素质就有了；如果你到不了180厘米，你也知道，在篮球这个巨人云集的领域里，你想走篮球之路，真是比登天还难。那么，我们只能把篮球作为一种爱好，而不是一种职业。"

这下男孩心服口服了："我妈叫我测骨龄，我还不知道是怎么一回事呢！"

我告诉他："骨龄一测，就知道你将来能长多高。"接着，我把我的表妹拿着测骨龄的诊断书，从县体校、市体校一路打进国家青年队的故事，给他讲了一遍。

那是我舅舅家的一个表妹，15岁的年纪，个子已经长到170厘米了。她学习不好，平时干啥呢？天天在家里种地，推着小车子送粪。高个子对她来说，是件丢人的事，于是她故意弓腰驼背，整天缩着身子。我一看这个小女孩，腿特长，将来肯定能长得很高。

我于是随口说："这孩子个子挺高啊。"

她爸说："光长这么一个高个子，在农村，吃得多、喝得多，穿衣服还多费料，你就别笑话她了！"

我笑着说："这样行不行，让孩子跟我到县医院去测一下骨龄，看看她到底能长多高？"

一测骨龄，显示能长到192厘米。我拿着这个测骨龄的报告，送到县体校篮球队。教练一看我表妹，才15岁，个子长得高，还挺苗条的，再一看骨龄报告192厘米，就收下了她。所以，这孩子从15岁开始练篮球，身板也挺直了，3年长到192厘米，在运动员的路子上发展得挺好。

男孩津津有味地听了我表妹的故事，答应去测骨龄，结果他能长到175厘米。

我说："你175厘米的个子，如果把篮球作为一生的事业，太艰难了。郭永林当年还有176厘米呢，那已经是非常罕见的了。咱们是不是换一个思路？篮球还是继续打，但只作一种业余爱好。如果学习好，篮球打得又好，人家会很佩服你的。"

这孩子不吭声了，兴趣开始往学习上转。之后，他顺利地考进了北京理工大学。在大学期间，他球打得漂亮，人缘也很好，在同学中的威信也比较高。

确实有很多学生因为走了特长之路，成就了一生的辉煌。但是，特长不等于最爱。特长不仅要考虑孩子的兴趣爱好，还要注意其自身条件。"没有条件，创造条件也要上"，这种观点在特长培养中是没有必要的。当然，家长也不应强烈反对，有心栽花花不开，无心插柳柳成荫。艺多不压身，多一门有益的爱好，日后总会出现意想不到的效果。

● 三大常见设计误区

我有一个朋友，他的女儿从小就学拉小提琴，拉得也不错。因为小提琴有各种规格，有的很袖珍，小一点儿的孩子也能拉得了。因此，拉小提琴在孩子间的竞争十分激烈。

到了初二，朋友的孩子个子长到169厘米，亭亭玉立。

有一次，我们两家一块儿出去爬山，在路上谈起孩子的特长。

我说："你这孩子拉小提琴，将来的路怕是会越走越窄。"

夫妇俩还不服气，一回去就向北京大学交响乐团咨询。

他们问："你们学校的乐团里，最需要什么人？"

对方说："我们现在比较缺的是大提琴手。"

"为什么？"

对方回答："一来，拉大提琴需要个子高的人，个子矮的拉不了。二来呢，拉提琴还得从小抓起。可是，大提琴那么大，一般的小学生达不到拉它的那个高度。小孩子拉大提琴，就像小不点骑大象一样，力度上不来，手指按琴弦还费劲。培养不到位，导致大提琴手断档了。"

于是，家长跟孩子商量："你的身高都169厘米了，还有拉小提琴的基础，现在改拉大提琴，行不行？"

到了初三，女孩转向了大提琴，毕业那年她以大提琴艺术特长生的身份考进了北京大学，要是拉小提琴，她就不具备那么明显的优势了。

因此，在设计方面，家长们需要避开三大误区。

第一，盲目设计。

家长看见人家的孩子学得热火朝天，于是盲目跟风。学了干什么？有什么用？不知道。这是很多家长都存在的问题。家长们能不能再往前看一步呢？孩子学了弹奏乐器、画画、跳舞，能为他的将来做一个铺垫，让他在今后人生道路的关键时刻，走得平坦一点儿，轻松一点儿吗？什么时候开始培养更合理呢？小学离高考，看似遥远，可一旦把小学这个时机错过了，到了中学，孩子到了十五六岁手指就僵硬了，腿脚也不灵活，再培养特长就有点晚了。

我女儿在学中阮之前，还试过一段时间的二胡。老师教了她一段时间，感觉女儿指法有点生硬，于是他跟我说："学二胡的人很多，高手如云，你孩子若只把它作为一种爱好，我可以教她。如果你们想通过二胡走高考特长生的路子，她都上初中了，才开始练，我没法保证她能成功。"听老师这么一说，我才慎重地选择了中阮。

第二，战线太长。

家长们都期望自己的孩子成为中国的达·芬奇，音乐、美术、哲学、科技样样精通；或成为当代的曹雪芹，琴棋书画无所不能。于是，他们就给孩子选择很多的学习项目，有些孩子甚至要学四五种之多，休息时间都被占满了。长此以往，一是孩子身体吃不消；再一个，他的能力也上不来。

第三，老师的专业性不够。

要想持续发展，最好找一个比较专业的老师。如果你只是想让孩子粗通吹拉弹唱，参加普通的业余培训班就行了。但是，你要想确定让孩子走这条路，起点就一定要高。中国有句古话说得好："学其上者得其中，学其中者得其下。"学艺就要拜高明的师傅。否则，艺术上一旦形成了坏习惯，改起来很困难，可比一张白纸时困难多了，成材率也会大大降低。

女儿学中阮，我刚开始就没有准备充分，找了一个北大的学生来教她。等到后来，中国音乐学院的教授再来纠正她的一些不规范动作时，可就费了大劲了。**培养孩子，最好找专业水准比较高的老师，把基础打好，为好前程奠定一个好基础。**

- **好的设计需要好的执行**

设计，是成为英才的第一步。而完成设计，意味着至少要付出十几年的努力。很多人的误区在于：以为设计完了，就万事大吉了。这样的想法是要不得的。**如果不能好好地执行，再好的设计也是白搭。**所以，家长们的职责不仅在于设计好英才之路，更要陪伴和监督孩子执行。

我有个学生，成绩曾经是班里倒数第一，后来考上了北大，他的成功也是源于设计。这个学生在班里的起点很低，在大家的鼓励、帮助下，学习进步越来越明显，最后他竟然向我表态："王老师，我一定要考上北大！"

但是，倒数第一考北大，不是说上就能上的。以他的成绩，相当困难。我就考虑："孩子的劲头也鼓起来了，信心也树起来了，学习也学得发疯似的，得想办法让他如愿以偿啊。"

于是，我找到他的家长。

我建议："咱们能不能挖掘一下孩子的特长？"

其实，直到高三开学，这个孩子什么特长也没有。但是，如果没有特长做铺垫，他上北大的可能性几乎为零。怎么办呢？我们就找一些专业人士来评判。他们感觉这个男孩子：第一，形象好；第二，喜欢唱歌，音准、音色也还可以；第三，有时候在班里搞一个小品什么的，表演的素养还不错。

进入高三，过了10月份，我们才开始启动学生的特长培养计划。最后，我们给他选的什么特长呢？影视表演。影视表演的专业测试就是唱一首歌，演一个小品，朗诵一首诗，比较轻松。而北大那一年有10个影视表演的特长生指标。目标选定以后，白天孩子在学校学习，晚上他妈妈就拉着他出去，满北京城转悠，风里来雨里去，找专业老师辅导。

考完大学后，这个学生跟我讲："王老师，您看看我妈，冬天开车陪着我，在人家门口一等两个多小时，冻得浑身发抖，才能够跟老师说上一句话，我心里是什么滋味呀！我要是再不好好学，简直就不是人了。越是大腕的老师，人家越不理会你。有些老师还比较刻薄，上来就说'你天生就不是搞艺术这块料，甭想了'，一句话就把我给否定了。"

"我们经常是刚刚在一个老师家里受到侮辱，被推出门了；到了另外一个老师家，这个老师说还行，我有这个潜质，又点燃了我希望的火种。这一会儿冷一会儿热、一会儿热一会冷的，我们母子俩的情绪，随着这些老师的态度起伏不定。但是，妈妈始终坚持跟我说'咱们就走这一条路，只要你敢于吃苦，妈妈就陪你一块儿走下去'。"

这孩子就是这样越挫越勇，后来在北大的特长生测试中，他专业课排名第三。签约以后，可以降50分录取，再加上他后来学习成绩突飞猛进，他最终以艺术特长生的身份，考进了北大。

我女儿到了最后的特长考试阶段，已经不能保证天天正常学习了。孩子的小拇指硬是被中阮的那4根琴弦，勒出一道深深的沟！考试当天，她为了弹出力度，又勒破了手指，血溅琴身。

家长们看到有些孩子考大学，特长一加分就是好几十分，艳羡不已。殊不知，选择特长并不是选择了轻松，而是把高考的压力，提前化解一下。

我女儿读高中时，每天晚上9点以后，生物钟就提示她——该弹琴了。于是，她就抱着琴弹起来，一弹就是一个小时。俗话说"一日练一日功，一日不练十日空"，弹琴也是逆水行舟，一个阶段不弹就会退步。那一个小时，女儿两只手不停地拨动，头一甩一甩的，弹得忘情，运动量很大。

参加艺术特长测试，那是高考考场上没法体会到的一种紧张。每人就测试一首曲子，不过3分钟，一旦砸了，再也没有机会了。不像高考，拿着一张卷子，两个小时，还可以分段认真对待，有一些思考的余地。七八年的心血，3分钟见分晓，这对孩子真是一种极大的挑战。

测试的场地是中国人民大学的学生俱乐部，学生拿着琴进去考，家长站在外面等。考场有一扇窗，很高，对着外面，拉着窗帘。不知是谁搬了一块大石头，放到窗户底下。轮到谁的孩子上场了，谁就站上去听。孩子弹的是什么曲子，孩子弹得怎么样，父母们都能听出来。那天，我们就在那个窗户底下，足足等了一个晚上，冻得身体都有点儿发僵了。终于轮到女儿上场了，我赶忙拨开人群，站在大石头上，静静地听。女儿那天弹的是《山歌》，弹得很流畅，中间没有一个地方卡壳。我如释重负。最后，女儿专业测试竟然排名第一。

现在去中国人民大学散步，每一次走到女儿考试的地方，我和她妈妈都感慨万千。回想那一晚，真是既紧张又激动。

十几年时间一晃就过去了，如果当年孩子没有走特长生这条路，而是被逼上了高考独木桥，只能在硝烟弥漫的考场上一决高低，那是不是一种无奈呢？其实，我们完全可以在高考之前，通过特长考试，把孩子的竞争压力缓解一下，为他的前程多开辟一条路。而选择特长，如果要想有比别人更高的起点，就必须有更大的付出，经受更多的历练。最后，孩子就会通过特长之路走进更高的殿堂。

# 老王独家：出国留学和自主招生，孩子应该怎么选

● **出国留学的注意事项**

十几岁的孩子一进入中学，各种学习压力就扑面而来。幸好，升学的途径是多种多样的。于是，该如何选择，选择的路是否适合孩子，成为家长们面临的普遍问题。

很多家长选择让孩子出国留学，我认为这条途径也是可以的。现在出国留学成了一个大众化、平民化的事情。我们把孩子送出国留学，不是说家长的钱多得花不完了，都去赶那个风，追那个潮。大家注意观察：越是素质高的家庭，越是把孩子送到国外。难道这些高智商的家长都做了一件蠢事吗？

为什么到国外留学的孩子们，相对来讲，会变得比在国内有更多的发展机会呢？

第一，家庭投资大，给孩子的学习造成了一定的压力。国外留学要比在国内多花数倍的钱，如果一个孩子在国外学的东西还不如在国内学的多，他还对得起谁呢？

第二，在国外上学和在国内上学相比，在国外上学的孩子的视野和个性的发展空间的确会变得更广阔。

但对大多数家长来说，送孩子出国还是一件相对陌生的事，会有许多盲点。下面我就跟大家讲讲送孩子出国留学要注意的事项。

其一，选对国家很关键。

那么，哪些国家是留学的首选呢？据我考察，现在高等教育质量比较好的国家就是美国和英国，别的国家都逊色些。申请新加坡、澳大利亚、新西兰的一些大学甚至不用过英语关，能学到什么？不过是高考移民。孩

子在那些学校很少能够真正受到良好的教育，往往抱成团，天天比谁的家里富，谁的消费高。最后，在国外一事无成，回来后成了"海带（海待）"、"海豚（海囤）"或"海熊"。

其二，出国时机要选对。

年龄多大的孩子适合出国留学呢？我比较倾向于让孩子高二以后再报考国外的大学。因为，留学生活是很孤独的，高中毕业后孩子一般有了较好的自控能力和自理能力，能够很快适应国外的学习环境，成为学业上的佼佼者。具体说来，对于学习成绩优异者，可以凭借奖学金进入一流大学，这样既不会给家庭造成经济负担，又能尽早融入当地社会文化。

其三，有些学生也适合出国留学。

学习成绩中游者，如果对奖学金没有过分的要求，进入美国的一流名校也很有希望。虽然这类学生在国内也能够考入一般本科院校，但大学生就业形势日趋严峻，一般院校的毕业生竞争力不强。所以，在家庭经济条件允许的前提下，这类学生也可以选择出国留学。

学习成绩不是很理想者，如果能进入全美前100名的高校，学成以后会有更多的机会。而这类学生，在国内上一般本科大学都有难度，以后的就业也很难说。所以，如果经济条件允许，对于留学不应一味地反对。

● **有的放矢，备战自主招生**

除了出国，自主招生现在也开始逐渐被家长们所重视。纵观近几年的情况，自主招生的规模在不断地扩大，制度也在不断地完善。不得不承认，自主招生作为一项高校招生改革的有力措施，为那些能力突出的学子们提供了进入名校的捷径。

尽管如此，真正了解自主招生的家长依然少之又少。自主，说明高校招生的自主性和自主权，即学校从命题到录取充分体现出"自主"。但

2014年9月，国务院出台了《国务院关于深化考试招生制度改革的实施意见》，其中明确提出，"2015年起推行自主招生安排在全国统一高考后进行。"这也进一步说明自主招生在不断扩大规模的同时，国家对此也进行了宏观调控，保证自主招生公平、合理地进行。以下3点需要关注。

第一，了解自主招生的最大特点。

自主命题是自主招生的最大特色，就命题情况来看，自主招生几乎是由各个高校独自命题。所以，家长和学生们针对报考的院校，要做到有的放矢。

第二，自主招生备考有章可循。

首先，要知己知彼，有的放矢。"彼"——了解自主招生考什么、怎么考；"己"——立足于自己的水平，只有这样才可以既脚踏实地又有的放矢地高效备考。理科要做到夯实基础、类比归纳、拓宽加深，深化高中知识、把握拓展知识、关注思想方法；文科尽早启动、日积月累，夯实基础、灵活运用，依托教材、纵横拓展，阅读鉴赏、总结规律。

另外，一定要做到"3个不能"：不能盲目；不能毫无准备；不能让高考总复习和应对自主招生考试之间的关系失衡。

第三，参加培训也很有必要。

为了在自主招生考试中能大获全胜，同学们尽量参加一下自主招生的培训，因为学科特点不同，指导老师会根据学科命题特点、命题方向做详尽的阐述，对近年自主招生真题进行科学分析，引领同学们少走弯路，真正做到科学备考、高效备考。

# 02 | 习惯养成，成就英才

- 三心二意两小时不如全身心地投入 10 分钟
- 5 大秘技练就孩子的高情商
- 改掉坏习惯，没有那么难
- 老王独家：好方法成就好成绩

要想成为英才，好的成绩自然是必不可少的条件之一。为了满足这一条件，家长和学生都可谓挖空心思、绞尽脑汁。既然是讲英才教育，怎样获得好成绩，这一点我自然是会讲到的。我要讲的还不限于此，除了讲学习方法，我还会给家长们"洗脑"。在我的英才教育体系里，日常生活的点滴都可以促进英才的培育。一些在家长们看来没用的事情也可以锻炼孩子们的情商，甚至促进他们学习习惯的培养，也可以给英才教育添砖加瓦。

每个孩子出生时都拥有相同的基础，但家长的教育方式决定了孩子最终会成为什么样的人。庸才或是英才，未来的命运就握在家长的手里。换句话说，每个孩子都有成功的潜能，能不能成功，就看家长怎样教育。

> 家长的教育方式，决定了孩子最终会成为什么样的人。

### 老王英才教育箴言

- 什么事情一旦决定，即便有千难万险，家长也要和孩子一起坚持下去。开了头就要持之以恒，千万不能松懈。
- 创造一个好的家庭氛围，对孩子的成功是至关重要的。
- 清楚明了的思维，寓于健康的身体之中。
- 一个人往往是在帮助别人的过程中才能看到自己的价值。帮助别人越多，人缘就会越好，成功才会越来越近。
- 失败和成功其实只有一步之遥，有时候一件事可以改变一个人。
- 教育不是空谈，抓好时机，一件小事也可以培养孩子坚持、合作、包容等各种品格。

# 三心二意两小时不如全身心地投入10分钟

很多家长只关注孩子是不是在学习，而很少关注孩子学进去了多少。只要看到孩子关在房间里，坐在书桌前，他们心里就觉得踏实。孩子在干什么呢？他不管。孩子对着书心猿意马两个小时，还比不上全身心地投入学习10分钟。这就是我要讲的高效的学习方法，既能让孩子提高学习效率，又能让孩子长久地保持对学习的兴趣。

● 专注——提高效率的第一步

我有个学生叫王小彤，她非常聪明，但成绩一直处在中游水平。说她不努力吧，并不是，她放学回家就一直坐在桌前看书，很晚才睡。可是，为什么成绩上不去呢，就一个原因，她太爱走神了。

她自己都说，经常看着看着书思路就跑远了。别看她在桌前坐了几个小时，可真正学习的时间却没几分钟。为这事，妈妈可没少骂她，她自己也很苦恼。她想改掉这个毛病，可是总是不由自主，控制不住自己的思绪，最后只好求助于我。

我先扔给她一套试卷，对她说："这节自习课做这套卷子，能做多少就做多少，做不完也没关系。下课你再来找我。"

下课后，她来找我。我问："做了多少？"

她怯生生地回答："老师，我只做了一半。"

其实这套卷子题量很小，难度也并不大，以她的能力在一节课的时间里全做完绰绰有余，可是她只做了一半，想必又是心神不定。我没有批评她，而是又给了她两套差不多题量和难度的试卷，并对她说："刚好下节课还是自习，这两套试卷，你在下课前必须做完，做不完今晚就别回家了。"

她吓坏了，对我说："老师，这怎么可能呢，刚才我一节课只做了半套，现在你让我一节课做完两套，我怎么做得完呀！"

我并没有给她商量的机会，她只好心急火燎地赶回去做题了。

下课的时候，她一脸兴奋地来找我："老师，你绝对想不到，我做完了！"

我笑了，说："我们小彤就是聪明，继续努力！"

孩子走后，我给孩子的妈妈打了个电话，讲了小彤这两节课截然不同的结果。她一开始还听得云山雾绕，直到我最后问："这次是我示范，现在你知道该怎么帮助孩子改掉爱走神的毛病了吧？"她这才恍然大悟，对我说："王老师，您还真是煞费苦心啊！我明白了，要给孩子规定完成作业或是学习任务的时间，这个时间一定要很紧迫，对不对？"

我说："没错，但也要在合理的范围内紧迫，不然安排一个神仙都完成不了的任务，没起到好的效果，反而打击了孩子的自信心，就得不偿失了。"

"放心吧王老师，我知道该怎么做了。"小彤的妈妈千恩万谢。

小彤的妈妈没有骗我，因为后来，小彤从二十几名进步到了前十名，最后还跻身前三名。小彤的妈妈说："用了您的这个办法，不仅孩子的学习效率高了，成绩上去了，还节省了很多时间，她还可以痛痛快快地玩。她的性格变得更开朗了。"

为什么这个办法效果这么好呢？只要家长稍微分析一下就不难理解了。小彤爱走神，所以我给她规定了完成任务的时间，而且是比较紧迫的时间，让她一下被这种紧迫感包围，注意力瞬间集中，脑子里都是"我得抓紧了，要不然做不完了"的念头。在这种情况下，她哪还顾得上走神。这也解释了很多人认为考前冲刺的学习效率比平时学习的效率高得多的原因。对于像小彤这样心神容易涣散又难以自控的孩子来说，家长就得时刻帮她拉紧那根弦了。

当然，弦不能永远是紧的，一段注意力高度集中的学习后，要留出充足的时间让她去玩，玩个痛快。这样就可以让刚才那个波涛汹涌的数理化脑瓜子休息一下，把紧张感通通释放掉。不能让孩子永远处在紧张感当中，不利于他们的身心健康发展。**只要孩子一打开书本，家长必须让他做到全身心投入、心如止水。**如果他在学习的时候还想着电视节目，玩的时候又想着今天作业还没写完，最后他就会玩也玩不好，学也学不好，两头全都耽误了。

● 养成好习惯，成功自然来

科学研究显示，一个人每天有60%的时间重复着习惯性动作，可见习惯的力量是多么强大，而这种强大体现在每时每刻的细节中。好的习惯一旦养成，孩子不需要刻意艰苦奋斗，一言一行自然很规范，成功的概率自然提升。所以我常说，小事永远是大事的根基，每一棵生命之树的衰荣都可以从这里找到答案。

习惯的养成不是一朝一夕的事情，我认为孩子上小学后，家长便可以引导和培养孩子的好习惯了。以下3点，家长需要做到。

第一点，引导孩子树立目标。**人活着总得有个目标，树立好目标后，家长要训练孩子抵御诱惑的能力。**对于孩子来说，诱惑主要就是玩。比如电脑游戏、上网聊天等，虽然好玩，可真耽误事，孩子要是被它"抓住"了，陷在其中只能是一时爽，却一辈子不爽。

孩子是很奇怪的，该干的往往不想干，想干的往往又不该干。怎么办呢？只能靠家长引导，想办法把想干的纳入该干的范围，培养孩子对该干的事情的兴趣。

第二点，像要求孩子一样要求自己。**什么事情一旦决定，即使有千难万险，家长也要和孩子一起坚持下去。开了头，就要持之以恒，千万不能松懈。**孩子的自制力比较差，当他累得实在不想动的时候，病得起不来床的时候，怎么办？很多家长觉得破例一两次也没关系。实则不然，这种"先河"一旦开了，就一发不可收拾。当年我女儿每天会记日记，不管多累，她都咬牙顶住，把日记本放在床头。有时候，她甚至会被自己的精神所感动，进而更加珍惜自己的成果，越来越不忍心放弃，最后就形成了写日记的好习惯。

第三点，创造好环境。家长们在给孩子树立目标的时候，不妨也给自己树立一个目标。家长和孩子相互督促，形成相互竞争、相互帮助的氛围，这个氛围一旦形成，对孩子影响很大。从这个意义上来讲，创造一个好的家庭氛围，对孩子的成功是至关重要的。

一个小孩要养成一种良好的习惯，一开始可能会难一点儿，一旦坚持到了一个阶段，也就是说当一切进入一种自主的状态时，一个普通的孩子变为一个优秀的孩子也就成了一件很容易的事。

- **动静结合最高效：7+1>8**

如果说有一个班的学生，多次蝉联校男子足球赛冠军、女子篮球赛季军，以及运动会总分第一，你会对他们有什么印象？四肢发达头脑简单？恰恰相反！这些孩子曾经创造过10人进入剑桥和牛津，37人考入北大和清华的记录。我刚接手这个班时，这些孩子和大多数尖子生一样缺乏运动。于是，我平日不停督促他们运动，鼓励他们参加体育比赛，甚至要求他们在每天下午的活动时间必须出去跑4圈。我的辛苦没有白费，运动强健了他们的体魄，也提高了他们的学习效率。

因为，我的口号是"7+1>8"——7个小时的学习加1个小时的锻炼，效果大于8个小时的学习。

进入高中，孩子心理负担本来就重，又没有一个强壮的身体，三天两头这病那病的，挫折感肯定与日俱增，学习上再遇到些困难，精神头很容易就会被打垮。所以，我才对他们有了跑步这项硬性规定。

一开始学生不愿意跑，怎么办？我凭借老师的权威去督促学生。我站在教室门口，大家一看，老师来了，纷纷出动。大约半个小时，一个个回来了。我有办法检验他们是真锻炼还是假锻炼吗？当然，只要一看他们脸上是不是流汗了，呼吸是不是急促了就很清楚了。只要这个学生面不改色心不跳，脸上光光溜溜的，肯定是没跑。

我也不说他。第二天上数学课的时候，我发威了，对他们说："得了，昨天没流汗的同学，今天数学课下课去跑步，什么时候跑得大汗淋漓了，什么时候进来。"就这么一两次，学生以后就都能认真地跑步了。孩子毕竟是孩子，有时候没有点强制性措施，形成不了好习惯。久而久之，锻炼就成为全班的习惯了。课外活动时间一到自己就出门，跑得浑身舒爽，再学习时精力也充沛。

不过，锻炼身体一事，老师毕竟只能给予孩子有限的帮助，最终的接棒者，还是和孩子朝夕相处的家长们。我也是个父亲，高中3年，我一直要求女儿除了接受学校安排的体育锻炼项目之外，每天晚上9点必须出去跑步。起初她不愿意出去跑，我就陪着她跑，后来她形成习惯了，每天晚上9点一到她就很自然地去操场跑步。当她锻炼回来之后，她的身体处在兴奋状态，血液循环也比较快，这对大脑是一种刺激，如果这个时候学习，效率特别高。有时候学习卡壳了，她还会主动跟我说："爸，我跑圈儿去！"

锻炼回来再学一个多小时，她的身体就会开始感到疲劳。疲劳的信号就会传递给大脑，大脑就会提出警告：你该抓紧时间睡觉了，再不睡觉，身体的每一个部位都要向你提出抗议了。疲劳的身体逼着她去休息，这个时候人睡得快，睡得也深沉，睡眠质量也好。众所周知，我们要是在半睡眠半做梦的状态下睡觉，有时候即使睡8个小时，醒来后还感觉头昏昏沉沉的。我们要是踏实地睡觉，哪怕睡6个小时，起来以后也浑身清爽。所以，睡觉也有一个效率问题。你要是经常进行身体锻炼，入睡就快；那些经常不锻炼的人，还可能经常失眠。长时间睡不着，间接地影响学习效率。

锻炼也要适度。有个学生放学去踢球，直踢到太阳落山才回家。家长问为啥这么晚回来，他来一句："是王老师让我们多锻炼的。"嘿，拿我当挡箭牌了。我让你"7（学习）+1（运动）"，可没让你"1（学习）+7（运动）"呀。锻炼一天一次，一次15到20分钟就差不多了。运动时间过长，体能消耗就会过大，回家就累趴下了，哪还有学习的精力？而且，运动时间过长，身体也容易出状况，得不偿失。

所以，我给各位家长的建议是：可以跟孩子提出这样的要求——每天都要锻炼，锻炼不超过半个小时，锻炼方式随自己喜欢。这样一段时间坚持下来，保证你的孩子身体变好，学习的劲头十足。

有的家长觉得，孩子的学习时间这么紧，还有必要进行身体锻炼吗？身体锻炼会不会耽误学习？尤其是高三学生的家长更是这么想。要我说，锻炼是保证孩子学习效率的必要条件。你想，孩子身体疲惫不堪，肯定容易得病。得病，且不说精力受影响，其心理就有挫折感。高三的孩子马上就要高考了，病得起吗？越这样想，精神压力越大，哪还有心思学习，甚至小病都可能变成大病。我当班主任多年，这样的事见得太多了。

有强壮的身体，第一不容易得病；第二身体强壮了，心理素质也好。比如：同样一个烦恼，放在病人身上会什么样？放在健康人身上会什么样？放在病人身上，小烦恼就显得很大，身体不好，心态也脆弱。你把烦恼放在健康人身上，他会觉得烦恼一会儿就过去了。身体好了，心态也会平稳。清楚明了的思维，寓于健康的身体之中。所以，想要让孩子在高考竞争中获胜，锻炼身体是必不可少的一门功课。

● 当睡则睡，当起则起

睡眠是人类最本能的需求，也是学习、工作等各种社会活动最基本的前提。不知道从什么时候开始，睡觉在有些家长的眼里，竟然成了一件耽误时间的事。

有一次，我给家长们做讲座，完了以后，一个家长在我面前哭哭啼啼。

我问她："怎么回事？"

她说："老师，我听完您的报告，心里太难受了，感觉自己做了一件特别对不起我儿子的事。"

原来，孩子周末回家以后，星期天上午9点要参加一所外国语学院的面试。然而，不到7点，这个家长就把她孩子叫醒了，要他起床，抓紧复习。孩子没睡够,迷迷瞪瞪地不想起来。家长说:"学成那个样,还有脸在家里睡懒觉?"

这一句话,家长说得很随意,却把孩子给伤了。

孩子一下子跳起来,说:"妈,在学校,我每天学成什么样,您知道吗?我每天晚上几点睡觉,您知道吗?我好不容易回家补补觉,您凭什么骂我?"

妈妈说:"嘿,你学习不怎么样,脾气可见长了。有本事你就考到前十名,超过你们班里的李翔,你就是天天在家睡大觉,我也不管!"

孩子一听,气愤地说:"你这个人怎么这么不可理喻!"接着,他就大吵大闹,妈妈一气之下,提着包就来听我的讲座了。

听完讲座,妈妈就后悔了。她对我说:"王老师,我听您一说,才知道我有些对不住孩子。"

我说:"你这个家长确实做得欠妥,孩子9点才参加考试,你7点把他叫醒干啥?孩子在学校五六天里一直是那么高强度学习,好不容易回家睡一会儿觉,你稍微体谅他的话,怎么忍心去把他叫醒呢?再说,他困成这样,就算把他叫起来,学习效率低,最后学也没学好,觉也没睡成,还产生了家庭矛盾。你不仅是做得不对,简直有点儿残忍,不应该啊!"

妈妈焦急地说:"那我该怎么补救呀?"

我建议她道:"回家赶紧先给孩子道个歉吧,等下次他周末睡觉的时候,你不要再叫醒他,他能睡多长时间,就让他睡多长时间。"

因为周一到周五的几天学习,孩子是非常紧张的。以北京的孩子为例,每天早上6点起床,中午往往没时间午休,直到晚上十一二点才能睡觉，他们的睡眠严重不足呀！一个青少年正常的睡眠时间应该保证每天8个小时，而孩子们每天只能睡6个小时，怎么办？可不可以变通一下呢？当然可以，周一到周五，每天睡六七个小时，到了周末，狠狠地睡一觉，有时甚至睡12个小时，最后平均算起来，每天有8个小时。

如果晚上实在睡不够，那就白天睡。我在班里有一个规定：在平常，学生把这个教室闹翻了，大楼闹塌了，我都不管、不限制，但是有一段时间学生必须保持绝对安静。什么时间？午睡时间。人大附中的学生是12：00点放学，13：30上课。我要求从12：40到13：20这40分钟的时间里，班里必须做到鸦雀无声。愿意学习的可以自己看书，但不能讨论；愿意睡觉的就睡觉。在这个时间段里，学生们绝不能像赶集一样进进出出，进来的就不能再出去了，出去的也不能再进来了，由班干部值班监管。

我认为，中午是一天的"加油"时间。学生6点起床，到了中午12：40吃完饭，大量的血液在胃部流淌，脑子是缺氧的，这时候学习效率低。所以，我坚决反对要求学生中午统一在教室里自习的规定。我们班的任课老师要是中午往教室跑，我也是不愿意的。老师一进来，和学生一问一答，影响一大片，其他同学就没法休息了。

中午打闹的那些学生，下午上课第一件事就是睡觉，课堂上能睡倒一片。我的数学课很少安排在下午。偶尔有下午的课，我都不马上开讲，先给他们唱一首歌，或者讲一个故事，把学生的积极性调动起来，让他们的注意力集中到学习上面去。如果中午大家都能保证睡眠，那下午唱歌或讲故事的时间就可以省去了，学习效率自然就上来了。

# 5大秘技练就孩子的高情商

英才不仅需要高效的学习才能，还需要优秀的交往本领。在中小学阶段，这两种技能应该作为很重要的课程来训练。最好的训练方式，就是让他们置身于集体环境中。

与同学相处时，难免会出现摩擦和误会，甚至会出现焦虑、委屈等心理，怎么恰当地对待？这对孩子的心态是一种磨炼。情商的培养，是成长最重要的课题。对孩子来说，集体是除了家庭之外参与时间最长的社交场合。怎样在集体中生存？怎样与集体相处？怎样看待集体荣誉？学习这些的过程，就是锻炼孩子情商最直接的方法。一个情商高的孩子，还需要担心他将来不能成为英才吗？

● 每个人进步1%，集体就前进100%

有些家长并不重视情商培养，不管是团体的，还是个人的，所有集体项目一概否决："这太浪费精力，咱不参加，只要把学习搞上去就行了。"其实，集体荣誉感最能激发孩子的学习热情。如果你平时跟孩子说："你得努力，这是为你好。"孩子可能无动于衷，觉得无所谓。如果你这样对孩子说："你得努力，这样你们班才能得第一。"孩子马上就斗志昂扬，生怕自己拖了集体的后腿。

我当班主任的时候，并不只是抓学习，我最看重的是集体精神。每一次考后总结，我很少具体说哪一个学生提升了多少名次，而是强调：整个班级在全年级处于什么档次；为什么取得这样的成绩；如果今后还想提高的话，应该怎么做。我常常告诉学生，每个人进步1%，我们这个班就前进了100%。我始终让他们感觉：我是团队的一员，为了班级的荣誉，应该尽自己最大的努力。在这样的氛围下，学生们的心态都很好，为了集体不停地努力，学习成绩反而很突出。

孩子的集体荣誉感的培养是潜移默化的，效果好不好，取决于家长能不能抓住生活中的小事，时不时地灌输一下"集体精神"。在我女儿还小的时候，有一次全家人坐在一起看电视，看的是奥运会体操比赛，中国的一个小姑娘夺得了金牌，观众席上的中国人都非常兴奋，用力地挥舞着五星红旗。女儿也很激动，兴奋地跟她妈妈说："妈妈，我好羡慕她啊，我也想当运动员，为中国人争光！"

我觉得同样是这件事，有的家长可能就不屑地说："你哪有那个天赋，别想这些没用的了，学习好了比什么都强。"这么一说就完蛋了，集体荣誉感没机会灌输，孩子的满腔热血也遭遇当头一棒，立刻灰心丧气。还好，孩子的妈妈没有这么说，她略想了想，说："你不当运动员，也照样可以为国争光呀！"

女儿来了兴致："怎么争？"

孩子的妈妈说："那些运动员也不是一开始就能为国争光的，他们先是为校队争光，后来被选到了省里，就变成了为省队争光，之后参加奥运会，才为国争了光。你现在还在上小学，考个好成绩，那就是为班级争光。将来考上重点中学，不就是为小学争光了吗？再考个好大学，中学也会以你为荣。上个好大学，未来就有机会成为某一领域的人才，就能为国争光啦。"

女儿的眼睛闪着光，仿佛已经在心里开始描绘那美好的一天了，过了好一会儿，她才从思索中回过神来，下定了决心似地说："妈妈，那我现在就从第一步开始，先为班级争光。"

那之后，女儿学习更加刻苦了，有时候成绩不太理想，第一时间她会担心有没有给班级给学校丢脸，然后再拼命地学习，去弥补，家长不费什么力气灌输的集体荣誉感，最后竟成为努力学习的最大的"法宝"。

● **多与优秀的人交往，发挥优秀的相互作用**

我曾经教育过一个孩子，那是我唯一一次感到"心有余而力不足"。这孩子上初中，因为父母离异，平常也不管他，于是心里有些阴影。他在哪个班，就跟哪个班的班主任顶牛，还打架斗殴，惹是生非。慢慢地，老师越反感，孩子越叛逆，集体抛弃了他，他被孤立了。教育没有好的氛围和环境是行不通的。我对这个孩子的教育费了很大力气，但也没有达到预期的效果。

当时我就想，这个学生要是到了我们班，在一个和谐向上的环境中，可能只需花费很小的力气就能让他转变。如果到了我们班，这孩子肯定会表现出他的强项，我再创造一些机会，比如越野赛、运动会，让他的特长得到一些发挥。然后，我再悄悄地跟别的学生说，给他一点儿掌声，一些赞美。在同伴的欣赏中，他自然能感到一种价值的回归，自尊的满足，更愿意在班级里表现以及和同学们交往。久而久之，他就形成了一种好习惯，顺其自然，就能达到很好的教育效果。很多孩子之所以在家里"大闹天宫"，一进学校就规规矩矩，原因就在这里。

我发现，现在有些孩子已经把学校当成了家，而家庭反而不是他们最亲的地方。为什么？独生子女看起来是众星捧月，其实爷爷、奶奶、姥爷、姥姥、爸爸、妈妈，6个大人盯着一个孩子，他却很孤独，因为6个大人是一体，孩子一个人是一体，加上代沟的作用，6个大人众口一词地教育他，孩子难免自怨自艾，心理负担重，更容易迷失自己。比如吃饭，你喂他也不吃，他要一边跑一边玩，后边妈妈拿勺子跟着赶，他也就吃上一小口。如果有两个孩子就简单多了，妹妹看见哥哥吃什么就嘴馋，嚷着也要尝一尝。要是有3个孩子，你再试试，随便拿一样东西，他们争着吃，反而更好养。所以说，一个孩子难养，3个孩子好养。既然独生子女已是既定事实，那家庭就必须创造各种条件，让孩子在集体的环境中养成良好的品质，在同龄人的世界中撑出自己的一片天地。孩子不能"圈养"，必须"放养"。

有些家长自以为做到了"放养"，其实是变本加厉的"圈养"。这些家长虽然同意孩子跟同龄人交往，但是对孩子的朋友"精挑细选"，成绩不好的不行，异性不行，更有过分的家长只允许孩子跟家里条件好的同学一起玩。孩子新交一个朋友，家长就旁敲侧击地打听半天。一听说对方父母当官就高兴，一听说是下岗职工就立马拉下脸不搭理。这样还真的不如不让孩子跟别人交往了，不然朋友还没交到几个，"势利眼"先学会了。

孩子进入一个优秀的集体，周围的人就会促使他前进，正如"近朱者赤，近墨者黑"一样。所以，把孩子放入同龄人的团队，相互净化，相互影响，相互教育，才是成才最有利的模式。

● **互帮互助提高成绩**

孩子上了中学，单纯搞好学习就行了吗？想搞好学习就真能搞好学习吗？实际上，学习是一项综合工程。孩子的非智力因素比重上来了，如果能够得到同学的尊重、老师的表扬，就会成天乐呵呵的，对什么事都充满激情、充满自信，他的学习就能够保持一种强劲向上的态势。相反，一个学生如果心态不阳光，就算天天坐在那里用功，也不一定能学好，往往还有点儿怪怪的，甚至产生孤僻、自私的心理，很可悲。孩子之所以如此，十有八九是家庭造成的。"学习也是竞争，我的孩子帮了别人，自己怎么办""我可不想自己的孩子被差生拖下水"，父母会不会存在这样的不良引导方式，甚至父母本身是不是乐于助人，都会直接影响孩子的个性成长。

有些孩子在高一、高二不好好学习，到了高三才开始着急。为了让他们快点儿进步，也为了学习好的孩子巩固基础，我会安排成绩好一些的学生帮助那些成绩不太好的学生，一人提高、一人巩固，共同进步。所以，在我的班里，非常团结、互助。

有一次，一个成绩不错的学生回家跟家长闲聊时，聊起他最近在帮一个同学，那个同学基础不太好，他努力了很久才给他讲明白。孩子本身也是闲聊，没想到家长反应很激烈。

"什么？你都高三了，还在花时间帮别人，耽误的时间怎么办呀？不许再给他讲题了！先管好你自己的学习吧！"

孩子没办法，当下次那个同学来问问题时，他只好以"不会"推托，久而久之，那个同学就去问别人了，不找他了。其他同学也都觉得他不爱帮助别人，慢慢地疏远了他。孩子很委屈，成绩也下降了。没办法，我只好把他的家长请到了办公室。

我开门见山地说："你的孩子成绩下降了，你们知道为什么吗？"

家长倒也不含糊地对我说："知道，老师。他老给别的同学讲题耽误时间，我已经说过他了。"

我强忍住火气，说道："上个月，他很积极地帮助同学，月考成绩是班里第四名。这个月，他不肯再帮助同学，月考成绩是第二十一名。"

家长傻了："怎么会这样？"

我说："我看他这一个月突然不肯再给别的同学讲题，我就知道肯定是你阻止的。你为什么不想想，我当了这么多年班主任，带出的清华、北大的学生也不少，我鼓励他们互相帮助，能害他们吗？这都是我多年的经验。

"第一，班里现在的氛围是互帮互助，共同进步。他不肯帮助别的同学，那别的同学肯定觉得他很自私，自然也就不愿意帮他，他是成绩好，也没有好到不用别人任何帮助的程度。失去了别人的帮助，怎么进步呢？第二，别的同学跟他疏远，他能不觉得郁闷吗？心情是最影响学习的，每天郁郁寡欢，能学进去什么？第三，也是最重要的，你觉得他给同学讲题是浪费自己的时间，根本就不是这样。讲题和做题有本质的区别，如果说做题学得差不多就能做出来的话，那么讲题而且讲明白则需要非常深入的理解、触类旁通。你想，一个学生如果能做好'老师'的角色，那高考何惧？他经常是讲着讲着发现自己某个知识点有点儿模糊，就赶紧去复习巩固，不知不觉自己就得到了提高。给同学讲题，实际上是最好的复习。"

一席话说得家长哑口无言，连连懊悔，回家后便取消了对儿子的限制，相反还鼓励他帮助同学。这个孩子也又渐渐融入了集体，成绩也提高了。有一句话是这样说的——赠人玫瑰，手有余香。一个人往往是在帮助别人的过程中才能看到自己的价值，帮助别人越多，人缘就会越好，成功才会越来越近。

- **有时候孩子需要被人推一把**

我在山东工作期间遇到一件事。

我们班有一个学生,他的学习成绩一直排在班里前六名,他还担任学习委员。高二时有一次考试,他一下子落到了第十二名。我觉得这种成绩的起伏是正常的,但这个学生受不了,跟我提出来:"老师,我要辞职。"

我就问:"为什么?"

他说:"我的成绩退步得这么厉害,不想再当学习委员了,我想要好好地抓一抓学习。"

我又问:"你觉得当学习委员耽误时间?"

他回答:"耽误时间。"

"耽误什么时间了?"

他掰着手指头:"我得督促科代表收作业,我得跟任课老师协调,这些都是时间。"

我开导他:"你以为咱们班就你一个人在为同学服务?各科科代表、各小组的小组长,所有的班委会成员不都在为大家服务吗?我们是一个大家庭,每一个人都在为周边的人尽职尽责。不只是你在为同学们服务,还有好多的同学也在为你服务呢。你一周擦几次黑板呀?"

他说:"我没擦过。"

"那不都是别人擦的吗?那你一周打扫几次卫生呢?"

他回答:"每周我就打扫一次。"

我说:"其余几天谁在打扫呢?同学之间本身就要互帮互助,你当了学习委员,做了一点儿事情,就耽误学习了?如果个个都像你,只抓学习,别的不管,我们班不就成了垃圾堆了吗?"

这孩子也挺固执,说:"老师,反正你得允许我不当学习委员。等我把学习成绩搞上来了,再当也行。我现在压力很大,没心思。"

我一看他那个样子，也不多说了，就把学习委员给换了。

谁知，这孩子不当学习委员，学习退步得更厉害了。为什么呢？当学习委员的时候还有一个责任在那里：我是学习委员，学习不能太差了。他一退下来，也不为大家服务了，也没有那么多的机会去跟同学们交往了。他反而备感孤独：反正我学习好不好，也没有人管。于是，他的成绩就一直往下滑。

后来，这孩子受不了，又来找我了。

他满脸困惑："王老师，我不当学习委员，也挺能学的，为什么成绩就是上不来呀？"

我告诉他："就是因为你太在意自己了。你以为那一点儿工作时间，就耽误了你的学习。你真的就缺少那么一点儿时间吗？一个人正常学习8个小时，效率高，心态好，绝对能保证成绩；一天苦学十多个小时，有些时间是白费的。你这小子，叫你当个学习委员，就叫苦连天。单看这一点，你的心态就没有摆正，太看重个人那一点儿事儿，没有想到在为班级服务的过程中，自己也找到了做人的价值和尊严。思想境界打不开，心胸不豁达，当然影响你的学习。"

他恍然大悟："老师，您能不能再给我一次机会，还让我当学习委员，行不行？"

我说："学习委员不能让你当了，我给你别的职务试试。我看你字写得挺好的，作文也不错，当宣传委员行不行？"

当了宣传委员以后，这孩子的工作热情上来了，学习成绩也提高了。

所以，家长们大可不必担心孩子当班干部会耽误学习，相反，还应该鼓励他们竞选。我当班主任多年，在我的班里，班长、团支部书记往往都是学习最好的学生。学习好并不是因为他们一开始就出色，而是他们在服务大家的过程中，建立了掌控局面的心态，增强了责任感，提高了自身能力，从而使学习更得法。因此，当班干部的过程成了他们学习成绩不断提高的过程。

一些家长还会有另外的担心：孩子想当班干部却不敢表达意愿，我们该怎么劝说？孩子已经当了班干部，因为能力问题不能胜任，我们又该怎么办呢？

我在中学当教导主任的时候，班上有个女生做事特别认真，也非常踏实，就是特别腼腆，总是羞于表达。在新学期开始时，要选举校学生会干部，我看她很想参加，但又没有足够的信心，一副犹豫不决的样子，就去鼓励她说："我已经帮你报名了，你就好好准备吧，把演说词写得好一些，相信自己，肯定能行。"

当然，仅仅靠心态调整还不能完全解决问题。如果按照她的表达能力，想进入学生会根本不可能，但是我看到她难能可贵的奉献精神，于是我在评选学生会副主席的条件上加了一个规定：乐于助人、善于为他人着想、善于为集体奉献者，可由全体同学共同推选而不必参加答辩。我根据这条让同学先选举再答辩，结果大家一致推选她当学生会副主席，她被大家的热情和信任感动得当场就哭了。从那以后，她更加负责，俨然是主席的样子，把学校的事情完全当成了自己的事情。最初因为成绩不够优秀，她变得特别努力。在很长的一段时间里，每当我早晨上班的时候都会看到空空的教室里就她一个人，一手拿着烧饼，一手拿着书，边看边吃。我被她的勤奋深深地感动了。

后来，她的成绩果然有了飞跃性的提高，在班里名列前茅，人也变得自信了，表达也自如多了。

失败与成功其实只有一步之遥，有的时候一件事可以改变一个人。其实每个孩子都有积极向上的追求，只是有时候因为害怕、不自信，迟迟不敢把想法变成行动。这个时候如果有股外力推他一把，很可能顺理成章地成就了一件美事。

当一个孩子本身具备某种素质却因为不自信而畏缩不前时，就需要家长和老师给孩子以适当的鼓励。必要的时候，没有机会创造机会也要鼓励孩子向前冲。作为家长，可以从以下几方面入手。

第一，及时地鼓励、帮助孩子发现自身具备的、别人不具备的优点，提高孩子的自信心。

第二，积极地帮助孩子想办法解决问题，比如引导孩子将该准备的东西准备齐，也可以在家里模拟竞选演说，帮孩子查漏补缺提建议，完善准备工作，从而提高孩子做事的成功率。这样可以使孩子的底气更足，并因为家长的支持而更加努力。

第三，帮孩子一起做好失败的准备，万一不成功也不会太失落。不成功就是一次竞选锻炼；成功了，后面还有很多锻炼在等着他。

有了以上的保证，孩子成功的概率会大大增加，他勇敢面对困难的可能性也会增强。学习知识是每个同学都要做的，但是做班干部得到的锻炼却不是每个人都有机会获得的，所以鼓励孩子做班干部是正确的选择。

● 教育抓时机，小事也有大意义

下面，我给大家讲两个故事。

第一个故事发生于我在山东工作期间。

有一年高考，高三的教室要腾出来做考场，学校安排其他地方让高三学生继续上课。我们班本来是分到学校的阅览室,里面有桌子、有电扇,条件特别好。谁知,有个班主任有点儿私心,觉得我这人大大咧咧的不在乎,就四处做工作,把阅览室鼓捣到他们班享用了。刚刚还在为阅览室而欢呼雀跃的孩子们,心情一下子就跌入了谷底。作为班主任,我预感到:要是不能改变这种局面,全班同学的士气将严重受挫。"大战"之前,这是最要命的。考虑再三,我决定死顶下去。

就在各班抓紧搬家,腾出教室做考场的时候,我们按兵不动。学校领导催了好几次,学生们看到形势严峻,怕我因此受处分,就劝我:"老师,咱们让步吧!"

我咬紧牙关:"没有我的话,谁也不准动!"

学校领导看我们态度如此坚决,也不好硬逼了,最后只好把学校最高档的会议室腾出来,给了我们班。会议室里还有空调,真可谓"塞翁失马,焉知非福"。

解决方案一公布,我非常感谢校领导。我这么较真,不是为了自己,而是为了这些学生,所以我问心无愧。

我跟学生们讲:"为什么我要顶着这么大的压力坚持?因为我们不能活得太窝囊,我们要争这一口气。现在学校让步了,我给大家提两点要求:第一,今年要用最好的高考成绩来回报学校,你们敢不敢向我保证?第二,我们在学校最高档的会议室中学习,一定要保证会议室里面的卫生和安全,否则我们这个班就对不起学校了!"

就这一件事,极大地鼓舞了孩子们的士气。自然,当年的高考,我们班又是响当当的第一名。更令我感动的是,这帮平常并不太注重卫生习惯的学生,进驻会议室的这几天,竟然将会议室保持得一尘不染。

另一个故事发生在人大附中。

有一次，学校举行拔河比赛。我们班一路过关斩将杀进了决赛。校团委召开团支部书记会，把决赛时间安排在第二天下午1点钟。我们班的团支部书记不知怎么漏掉了这个信息。第二天比赛，对方早早等在了操场上，等我们匆匆组织队伍赶去应战时，已经耽误了20分钟。对方以我们迟到为由，逼着校领导表态。于是，学校做出决定，我们班是亚军，人家是冠军。学生们一听到这个事，群情激愤，从校团委一直找到校领导："这个决定不公平，我们坚决不同意！"

后来，校领导找到我："赶紧来吧！你那帮学生要造反了。你看看，这样的学生还有王法吗？"我说："如果在班级重大荣誉面前，我们班的全体同学表现得心平气和、无动于衷，您觉得这个班还有希望吗？这样的学生将来能有用吗？学校是育人的地方，也应该像家庭一样，老师、领导相当于家长，孩子有什么抱怨、委屈，跟家长说了，就没事了。他们没有到大街上去爆发，就关在学校里闹，有什么不行呢？我们不要把学生的什么想法都压下去，一个一个压得都心理变态了。有什么问题发泄出来、暴露出来，我们当老师的再给予及时、积极的引导，心理不就健康了吗？学生不就成长了吗？"校领导无可奈何："本来是你们的不是，说着说着还真成了你们的理由，可事情怎么解决？"

我走进教室，义愤填膺的学生们立即鸦雀无声。

我说："你们这些人太不够意思了，今天你们去找校领导，怎么不叫我呢？这不是多份力量吗？学校的决定对我们班是不公平的，你们表现出的激愤，让我看到强烈的集体观念在我们班扎根了，这是我们未来战胜一切困难的基本保障。但是，你们有没有想过，人的一生不可避免地会遇到一些委屈、误解，甚至侮辱，无限制地发泄是不是最好的办法？你们今天的不理智造成了一个什么后果？团支部书记，也是我们班的语文老师，正在办公室里哭。这次活动是她组织的，当对方班级逼着学校表态时，她觉得跟你们最亲切、最投缘，才决定让你们屈居亚军，以成全对方。谁知，你们前所未有的冲动，把事情闹到现在这个地步。校领导追究责任，不能处分学生，只能处分老师。同学们想一想，语文老师工作刚一年，没有经验，她哪儿受过这种磨难？因为这件事，有可能断送了她的前程，团委书记的职务可能被撤掉，再背上一个处分。你们有没有想过这些？我们做人不要得理不饶人，语文老师正在办公室里痛苦不堪，我相信你们会处理好这件事的。"

我一走，班干部召开紧急会议：你找年级组长道歉，他找校领导赔礼，全班女同学都去安慰语文老师，大家分头做工作。校领导后来谈及孩子们当天的表现，都十分震惊，没想到他们转变得那么迅速，弄得跟老师、校长亲得简直像一家人似的。

十分相似的两件事，发生在不同的孩子身上，我采取了不同的处理办法。农村的孩子自卑、幼稚，应鼓励他们"进"，张扬个性；人大附中的骄子们自傲脆弱，则应引导他们"退"，不咄咄逼人。在家庭教育中也是一样的道理。**教育不是空谈，抓好时机，一件小事也可以培养孩子坚持、合作、包容等各种品格。**

## 改掉坏习惯，没有那么难

每个孩子生来都有成长为英才的可能，但成长的道路难免迂回曲折。尤其是现在的孩子，面临的压力大，面临的诱惑同样大，太多事情容易让孩子分心，也有太多事情容易把孩子分掉的心拉扯得离学习越来越远。

做家长的应该怎么办呢？应当正视孩子的缺点和坏习惯。人吃五谷杂粮免不了会生病，更何况孩子，怎么可能一直完美无缺呢？正视孩子的不完美，才有勇气和孩子一起找到改正缺点和坏习惯的方法，进而把孩子带回"正途"。

● 要想摆脱依赖症，沟通技巧很重要

现在的孩子普遍有3种依赖症：第一，电脑依赖症；第二，电视依赖症；第三，手机依赖症。当这三大现代电子技术产品为人们带来方便，促进社会进步的同时，也对孩子们的日常学习造成了负面影响。

什么是电脑依赖症？就是做什么事情没电脑不行。很多人质疑谷歌、百度，说是制造弱者的游戏源，你往谷歌、百度搜索栏里输入关键词，想要的内容全都出来了，方便于人的同时，也使人更加懒惰了。以前学生遇到难题都是自己研究或者请教老师、同学，一问一答的过程中题目就弄懂了；现在可好，有学生发微博、发帖子求答案，然后照抄，最后上网越来越熟练，题目还是不会做。

电视依赖症更普遍。孩子一回家就打开电视，一直看到"再见"。

《红楼梦》拍成电视剧，不识字的人都能看得懂，所以有人称电视为"傻瓜盒子"。可要是读《红楼梦》原著，那就不是一回事了。文学素养高的人能感觉到《红楼梦》的博大精深，是一部封建社会的百科全书。无知的人一看就傻眼了，这么多诗词曲赋，别说看懂，好多字都不认识！

最头痛的当属手机依赖症了。现在的娃娃才几岁啊，就人手一部手机，出门、上学什么都可以不带，手机必带。谁哪天忘了手机，一天都失魂落魄，甚至在公共场合，听到一种声音就以为是自己的手机响了。更可怕的是，手机的诱惑现如今已不仅仅局限于娱乐了，它已经演变成孩子们攀比、炫耀的重要利器。现在有些班里最风光的不再是考试第一名的学生，而是最先使用新款手机的学生，这种风气实在可怕！

现在的学生就生活在这样一个充满诱惑、3大依赖症横行的时代，周边的一切都比学习好玩。在这种环境下，拒绝诱惑很难，而只要能耐得住寂寞，克制了杂念，孩子就能迅速地拉开与同龄人的差距，更容易进步，甚至领先。正所谓"艳冶之物不能移，热闹之境不能动"。家长都想让自己的孩子达到这一境界，可是又不知道自己如何帮忙，只能干着急。干着急算好的了，怕就怕使用的方法错误，最后帮的是倒忙。

有位家长跟我说："前段时间孩子总闹着要手机，说同学都有，就他没有。没办法，给他买了一个。结果，经常看见他写作业的时候偷偷摆弄手机，学习成绩也下降了，我愁得不行。正好前天孩子手机丢了，让我再给他买一个，我是无论如何也不能再给他买了，可是他就闹着说没手机就不去上学了，这可咋办？"

还有位家长说:"孩子最近老是吵着要用我的手机,一会儿玩游戏,一会儿聊天,就是不学习。我真不想让他用了,我想跟他说我的手机丢了,这样他就玩不成了。老师您觉得这样行吗?"

金战网上曾经做过一个调查:中学生用手机,好还是不好?

投票分为正反两方:正方——手机是时代的产物,是现代社会的标志,中学生也不能落伍,中学生用手机好,投此票人数占总数的37.5%。反方——中学生使用手机没有节制,不会合理使用,会影响学习,中学生用手机不好,投此票人数占总数的62.5%。

正如网络一样,手机也是时代的产物,是人类文明进步的象征。这么先进的东西不让孩子使用,未免有点儿可惜。更重要的是,别的孩子都有,自己的孩子没有,他会不会因此感到自卑?而且,家长要跟孩子随时保持联系,没有手机也不方便呀。

其实,孩子要手机无非就是两个目的:第一,满足自己的虚荣心,不能落后于人;第二,方便跟同学联系。但往往一用上就控制不了自己,上课、写作业甚至到睡觉的时候还在发短信、微信。手机影响了学习,这也是最让家长无法忍受的。有很多家长遇到过这个难题,可是很多家长都不知道最好的解决方法是什么。有个聪明的家长想出了这样一个办法。

孩子要求买手机,他不说买还是不买,而是拿出一张纸递给孩子说:"儿子,爸爸不反对你买手机,但是做任何事情前,我们都要先考虑利弊。你把用手机的好处写在这张纸的正面,然后再把用手机的坏处写在这张纸的背面。如果好处比坏处多,我们就买。"

这个家长的聪明之处在于他把决策权交给了孩子,这样就会使孩子觉得家长是民主的，并且因为是自己的决定，所以责任当然要自己承担。

这个孩子写得很认真，写完后交给爸爸看。

爸爸看了说："你写的还不全面，爸爸再帮你补充一下。"

然后，爸爸也在那张纸上写下了自己的意见。写完后，父子俩一起讨论，好处和坏处的数量基本差不多，那就要看看好处有多重要，坏处能否避免。

于是，孩子信誓旦旦地写下了避免每个坏处发生的办法，并保证万一没有做到，爸爸可以收回手机。

其实做到这一步，已经不是一个简单的是否该买手机的问题了。通过这个过程可以培养孩子很多好的习惯，比如：遇事要先思考，权衡利弊再做决定；自己做的决定就要自己承担后果。不管最终是否买手机，孩子都会感觉自己的要求得到了家长的尊重，会感觉爸爸是民主的，并且对他是足够信任的。这样培养出来的孩子一定善于独立思考、不盲从并能勇于承担后果。

当然，除了我们看到的一些客观原因，其实催生"拇指一族"的根本原因是他们渴望沟通。但是，把手机所有功能的优势都加起来恐怕也敌不过两个人面对面交流的快捷和真实吧？为什么人们不选择面对面交流而要选择使用微信、QQ等即时通信方式呢？我想可能就是因为身边缺少可以畅所欲言的人吧。

当然也不乏时尚感的"诱惑"在里面，手机沟通已经成为现代社会的一种时尚，哪个学生如果还不会用手机上网，那他就落伍了。

正是基于以上原因，手机网络成了孩子们与别人沟通的主要方式，而最让家长担忧的是孩子因为沉迷于此而影响学习。

如果我们家长可以做孩子最好的朋友，可以适时满足孩子的沟通欲望，可以耐心地倾听而不提出任何批评和指责，我想孩子用手机跟他人"诉衷肠"的次数就会越来越少。

家长要多跟孩子交流，引导孩子多参加学校的活动，或者多进行户外活动等群体性活动，让孩子有更多的机会与他人交流，同时也分散了孩子对手机的注意力，这样就可主动避免孩子对手机的依赖。

孩子使用手机，几乎百分之百影响学习效率。一晚上来回几条信息，学习效率就会大大下降。如果上课收发信息，更会严重影响听课效果。所以，如果可能，还是建议孩子少用手机。

有的家长忽略了"主动"两个字，强行没收手机，导致与孩子爆发激烈的冲突，适得其反。当孩子刚想拿手机玩会儿时，家长便开始抱怨："你怎么就只知道玩手机，不知道学习？"如此的不信任和抱怨，会让孩子非常厌烦，恨不得把你拉入"黑名单"。

比较好的一种办法是，家长和孩子各退一步，心平气和地商量出一个协议。比如：每天晚上手机由家长代为保管几个小时，这期间孩子专心致志地学习，再留出半个小时的时间，把手机还给孩子，让他痛痛快快地玩。还可以和孩子关系比较好的小伙伴的家长结成联盟，在同一时间让孩子玩手机，满足他们上网聊天的愿望。

有家长说："这可不行，学习时间多宝贵啊，怎么能玩半个小时手机呢？"我说这个时间合适，一是时间短了协议难以达成，二是虽然玩了半个小时，可是之前还心无旁骛地学了好几个小时呢，比看两眼书再看两眼手机的学习效率高多了。

所以，解决依赖症这个问题，不能强行。老一辈的武断解决问题的方式已经不实用了。家长们只要开动脑筋，多站在孩子的立场考虑问题，我相信，依赖症的问题一定能得到很好的解决。这样的解决方式不仅不会伤害孩子，还可能给孩子的学习带来促进作用。

● **与过去决裂，焕发的动力将无坚不摧**

以戒烟为例，我想戒烟了，第一个行动就是把兜里面的烟全部掏出来，或者烧掉，或者扔掉。如果说"我抽完了这一盒再戒"，这种人肯定戒不掉。因此，拒绝诱惑一定要有决裂的行动，才算是迈出了成功的第一步。所以，孩子染上了坏习惯，家长不要急着训斥，要想办法引导他们产生与坏习惯决裂的信心。

我接待过一个山东的学生，在高一、高二时学习很好，高三时因为跟班主任闹了意见，心情郁闷，便丧失了学习兴趣，上网吧寻找乐趣。他在网上认识了一个女孩，很快两人"好上了"。同时，他的学习成绩一落千丈。

这么一折腾，孩子高考成绩自然不理想。这时，女孩反过来讥讽他，嫌他窝囊。两个小娃娃"谈恋爱"，遇到点儿风浪，就烦恼不断。他看到家长唉声叹气的，整天为自己犯愁。这孩子就开始反思了：自己的前程该怎么办？

家长找到我。我告诉他们："在家不要责怪他，别搞得一片愁风苦雨的，要让孩子感觉家里很温暖，值得留恋。你们也别再提高考和学习，让孩子自己好好反省。如果他主动找你们，也尽量聊一些轻松的话题。孩子现在心情郁闷，要给他一些时间和空间，让他自己多说。否则，他又得出去，上网吧，找女孩。"家长也是依计而行。

终于，有一天，孩子说："爸，妈，我想复读。"

于是，父母带着孩子一起来见我。

孩子一坐在我面前，就哭开了，说："我对不起爸爸妈妈，请您给我一次机会，看我怎么表现。"

我拍着他的肩膀："中国有一句老话，浪子回头金不换！你高一、高二学得那么好，经历了这么多事之后，与过去决裂，焕发的动力将是无坚不摧的。我估计，明年你都有考清华、北大的能力。"

他咬着嘴唇："我也觉得我能行。"

我鼓励他："那你就重整山河，开始准备复读吧！但是有几件事，你还需要处理一下。"

"什么事？"

"决裂——和过去的种种坏习惯决裂。首先就是和那个女孩决裂，彻底一刀两断。如果你还想着怎么能和她重修旧好，那你还是别复读了，没用。"

"我能做到，我现在就把她的QQ、微信通通都删掉。"

我看着他删完，接着说："好，那接下来，就是这一年要和网络说再见，有没有这个决心？"

"有！"孩子回答得很坚决。

一家人临走的时候，孩子爸爸说："孩子的手机怎么处理？"

这一下提醒了我，确实，家长还提到过孩子有手机依赖症，天天抱着手机看这看那，一分钟也离不开。只是没想到，家长把收手机的"球"踢给了我。

于是，我对孩子说："你如果连这么一点儿诱惑都抵挡不住，就太脆弱了。复读这一年，你怎么能走得更高更远呢？如果你真有决心，想在这一年创造辉煌、创造奇迹，第一件事就是拿出行动来。"

孩子被我说得热血沸腾，说："王老师，这一年，我和手机一刀两断。"一转身，他就把兜里的手机掏出来，交给了他爸爸。

我说："这就对了！就冲这点，你这个学生我收定了。"

敢于和坏习惯决裂，孩子的坏毛病就已经改掉了一大半。后来，这个孩子也有忍不住想玩手机的时候，可是一想：我都发誓决裂了，男子汉一言既出驷马难追，我如果又玩岂不是让王老师笑话，然后咬咬牙就坚持了下去，第二年高考果然考上了重点大学。

● 纠正坏习惯，要打持久战

坏习惯的养成不是一两天的事，孩子想改，就要做好打一场持久战的准备。孩子的反复无常、难以自控，都属于正常现象，而家长的急不可待、暴力惩罚，则很有可能激发孩子的逆反心理，坏习惯更加难以改正。所以，家长们要摆正心态，做好打持久战的准备，孩子就没有改不掉的坏习惯。

不久前，一位家长急切地要见我，说她快被孩子折磨得崩溃了。孩子沉迷于网络，家长用尽了办法也不能让他回头。在办公室里，我见到了这个孩子。过去，无论学生，还是家长，见到我都是很激动的。但这孩子不同，他表现出一种敌对的态度，两眼发直，一看就知道陷入网络已经很深了。

要想改变这孩子，必须先融化他拒人于千里之外的冷漠。

我问他:"我不懂游戏,但我看到很多人对此着迷,你能不能告诉我,它到底哪里好玩?"

孩子没想到我竟然以这样的方式开场,自然是滔滔不绝。当谈及决斗的快感,升级的喜悦,拼杀的刺激时,他眼里放射着兴奋的光芒。

我问他:"你在享受这些的同时,是否产生过负罪感和空虚感?"

孩子沉默良久,点了点头。

我感觉教育的契机到了,就说:"你是个懂事的好孩子,能不能把你怎样进入网络游戏世界的经过复述一遍?"

孩子说:"之前我学习还算好,常听同学们议论网络游戏后,感觉好奇,就试着玩了几次,没想到一点点陷了进去,发展到无法自拔的程度。每次玩得昏天黑地之后,又感到内疚。特别是看到爸爸妈妈哭红的眼睛,我一次次想回头,但学习上落下的功课太多,一遇到困难,脑子里就会浮现出游戏的情节,就又被牵着进了网吧。"

我安慰他:"从现在开始,别再去网吧了。实在想玩,让家长在家里装一套,他们同意了,你再玩一会儿。这样逐步远离、淡忘网络,可以吗?"

孩子回答:"只要爸妈愿意,当然可以。"

我又跟家长做工作:"你们放心,照我说的办!第一步就是把孩子从网吧里拉出来,但要允许他有反复。第二步就是一点点让孩子远离和淡忘网络。只要有耐心、冷静地对待,全过程在你们的监控下,让孩子戒除网瘾不是问题!"家长满口答应。就这样,一家人高高兴兴地回家了。

一个月后,家长打电话过来说,回去之后的第一周,孩子一心扑在学习上,问他要不要玩游戏放松一下,他都不理不睬的。到了第二周,有一次妈妈回家,竟然发现孩子关在屋里,偷偷玩着游戏,妈妈顿时怒火中烧,但想起我的劝告,她硬是面带微笑,站在孩子身后,静静看着他玩到通关。孩子兴高采烈地一回头,又内疚又害怕,等着妈妈发落。

谁知妈妈说:"孩子,你已经有了很大的进步,妈妈知道你不可能一下子完全改掉。过去看到你玩游戏,妈妈非常生气,现在感觉你的心理压力也很大,是妈妈对不起你。今后咱们一起渡过难关,好吗?"

孩子读懂了父母的苦心,难过地哭了。再后来,看到慢慢走上正轨的孩子,父母深深感到,孩子之所以染上网瘾,自己也有很大的责任。

**坏习惯的戒除,需要父母的忍耐和坚持。**孩子从痛下决心,到病去如抽丝,再到反复,最后巩固,这是个十分漫长的过程,家长不能心软,更不能缴械投降。任何一场持久战,坚持到最后才能取得胜利。

# 老王独家：好方法成就好成绩

● 数学：无招胜有招

一个人的成功靠的是什么？智力、能力和心力。具体来说，就是面对一个问题时，思维是不是清晰，方法有多少，情绪调整得好不好。数学正好是思维的艺术，能够开发人的智力。

如果你的思维比较迟钝，通过数学的刺激你会变得灵活；如果你的思维是粗线条的，通过数学的刺激你会变得严谨；如果你的计算经常出错，通过数学的刺激你的计算会变得更加准确。克莱因说过："唱歌能使你焕发激情，美术能使你赏心悦目，诗歌能使你拨动心弦，哲学能使你增长智慧，科学能使你改善物质生活，但是数学能给你以上的这一切！"

数学就是这么强大！

但是，很多同学都害怕数学，平时学不好数学，一提数学头皮都发麻。我经常收到同学们的来信，问我如何学好数学。我是教数学的，我觉得要想学好数学，应该注意下面5个问题。

第一，多动手。学数学必须要动手，天天抱着书看是学不好数学的，因为很多的亮点、技巧都隐藏在解题过程中，不动手做一遍，你就很难发现亮点，也发现不了题和题之间的差别。另外，在动手的过程中，手和大脑是相互关联的，一动手，思维就被启发了。所以，通过动手启发大脑，让思维处在一个活跃状态，效率就高了。

第二，做好作业。老师讲一节课，就要做好这一节课的作业，那么这一节课的内容便掌握了，如此一节课一节课地坚持下来，数学学起来就轻松了。由此可见，数学成绩是一节一节巩固起来的，某一节课学不好，会影响后面的学习。所以，要想学好数学，要从做好每天的作业开始。

第三，要听好课。跟大家讲，数学是很难进行自学的学科，可见数学课堂教学的重要性。像我教了20多年的数学，当我把这20多年的经验集中在这一节课的时候，我讲述的东西是很有用的。如果你迷迷糊糊过了40分钟，课后要想通过自学掌握这些知识，可能需要两三个小时，也许还达不到这40分钟认真听讲的效果。

第四，高度重视错题。同学们做作业也好，考试也好，每天都会遇到大量的错题，如果把这些错题改正过来，并找出症结所在，那么你的学习成绩将更进一步。所以，一旦你稀里糊涂地把错题放着不管，便隐藏起来一些问题，这些问题越来越多，就越容易积重难返。所以，要想学好数学，必须从高度重视错题开始。

最后一点，高度重视难题。解决难题是提高学习成绩的好机会，每一个学生都会遇到难题，而且越是成绩好的学生遇到的难题越多。为什么有的人学习好呢，就是因为他们善于钻研难题；为什么有的人学习不好呢，因为他遇到难题就烦、就退。遇到难题是一个机会，你应该高度重视难题，怀着兴奋的心情去对待它。但难题不会做怎么办？有的同学看十几分钟还看不懂，就开始看答案，如果答案还看不懂就坚决放弃。这个时候千万不要放弃，你一旦放弃，你那十几分钟就浪费了，下次遇到这类问题你还不会。这时，你应该把答案合上，从头再做一遍，直到自己完全弄懂为止。

我说的这些都是平常学习的"家务"，是每天都该做的。只要把这些"家务"做好，数学成绩就会越来越好。

● **化学：散点联网**

我认为，理科中最好学的是化学。我对化学特别有感觉，当年高考化学满分100分，我考了99分。

我起初特别讨厌化学，感觉化学很无趣，不知道为什么要学它。有一次，我的化学老师看到我跟同桌两个人共用一本书，特别费劲，就把他的那本教材给了我，我当时特别感动。我们班50多个学生，为什么化学老师就单单把他的书给我了呢？一个农村孩子从来没有受过这种关照，忽然老师给一点儿阳光，感觉无比地温暖。下课了，我战战兢兢地把书还给老师。谁知道老师说："你留着吧，我还有一本，这本送给你了。"我心里顿时涌上一股暖流，从此开始喜欢化学，感觉化学那么有趣，那么有意思，简单得很，无论怎么学都能学好。

化学怎么学呢？人们形容数理化这3门学科：数学是一片洋；物理是一条江；化学是一口洼，就是个小水池。确实是这样，化学的知识点就这么多，就是一洼水，跟一条江和一片洋没办法比。而且，化学的知识点比较散，知识点之间关联很小。这个知识点不会，对学好后面的内容没有太大影响。数学就不同了，这个知识点学不会，直接影响后面知识的学习。

化学号称是理科中的文科，它要求记忆，每一个知识点都需要记忆，但不是说要永远地、无边无际地记下去。一开始可能有些枯燥，但记得差不多的时候，这些点突然就串联起来了，此时你会发现，学化学是很轻松的，就这些内容，不像数学那么题海无边。

到现在，距离我当年高考已经过去30年了，元素周期表我还能清楚地背出来。150多种化学元素，根据位置的不同，我便能判断其呈现性质的不同。有时我就想：背下元素周期表，化学就学会了一半。

● **物理：数学是外援**

物理，顾名思义是要悟出道理。功能定律、牛顿定律……如果各种原理你都能真正悟出其中的道理来，物理要比数学简单得多。一道数学题一般有3个陷阱，甚至四五个陷阱，物理最多两个陷阱。所以，理解和掌握原理是学好物理的第一个方法。

第二，学习物理要讲究方法，特别是用数学的方法去处理物理问题，往往能够化繁为简。一旦把物理和数学割裂开来，只学物理是很困难的。

我记得我读高中时有这样一道物理题：在山坡下，有一门大炮，仰角是30度，然后以每秒300米的初速度发射一枚炮弹，问：炮弹会落在斜坡的什么地方？大家用纯物理知识去解答，半天也做不出来。后来，老师提示我们：试试考虑数学方法。原来，建立一个坐标系，这道物理题就变成了一条直线和一条抛物线求交点坐标的数学题，于是问题迎刃而解。

上大学时我在数学系，但是我学物理的时间和物理系的同学差不多。同样，物理系的同学也有一半的时间在学数学。为什么？就是因为数学是一种工具。在解决物理问题时，比如电磁振动、受力分析、运动轨迹……借助数学方法，常常能起到"四两拨千斤"的效果。

● 语文：阅读出真知

有些人感觉语文很难，因为语文靠突击肯定是不行的。中国文化博大精深，光靠课本上的那些内容，只能越学越窄，没办法提升语文水平。语文高考150分，主要考什么？是考你的课外积累，考你对语文知识涉猎的广度和深度。

所以，语文学习是一个厚积薄发的过程。这种积累最好是从幼儿园、小学阶段就开始。因为，这时候学习生活单纯，读书对孩子来说，不是一种负担，而是精神生活的一种充实、视野的一种开阔，同时，也是对他们未来竞争力的一种沉淀。我国的中学生生活太紧张，学习任务太重，到了高中再去培养孩子读书的习惯就来不及了。

一般来说，成绩优秀的学生，都特别喜欢读书。只有见多识广，才会增长阅历和提高悟性。一开始，读书是由于家长的引导、示范展开的，时间长了，就成为自己的一种自觉行为。他们读书，并不全是为了学习，更多是因为喜欢。越读越喜欢，知道和掌握的知识就越多。这些学生到了高中，不仅是语文，一般各科都学得比较轻松。

有人可能会反驳：孩子那么小读的书，以后能管什么用？其实，小孩儿的阅读速度和理解力，常常是大人意想不到的。幼儿园、小学的孩子，拿起一本书，一会儿就翻完了。你考考他，还都能记住。曼德拉先生说过："人生可怕的事情，不是你更多地看到了自己的不足，而是没有看到自身所具有的巨大潜能。"所以，我们不要小看了孩子的阅读能力。

现在，很多家长按照自己的意向，给孩子买了不少书，而孩子拿到这些书，往往一概拒绝、束之高阁。为什么？因为儿童读书完全是凭个人的童真童趣、对大自然、对生活的好奇心，而家长则买了一大堆语文、数学、英语等教辅图书，当然不招孩子待见。家长思想上的误区不利于培养孩子读书的兴趣。

那么，怎么培养孩子读书的兴趣呢？那就是家长只管领着孩子经常去逛书店，不要限制他，他愿意买什么书就买什么书。

儿童时期，孩子一般就是在家里看动画片、小人书。中学以后，孩子的阅读量越来越大，图画书已经满足不了他了，他就会主动选择一些难度更大、更有文化品位的图书。比如，我女儿看《史记》就经历了3步：第一步，先看图画书；第二步，买白话版的书；第三部，她就开始找原版书来读，感觉特过瘾。后来，我发现，她的作文经常是引经据典，古文、格言、白话文交错出现，这些都要归功于她多年的阅读。

高中阶段，惜时如金，我推荐孩子多阅读《古文观止》《唐诗宋词鉴赏辞典》《读者》，以及余秋雨、毕淑敏、周国平等名家写的散文，这些内容对考试有一定的帮助。

● 英语：营造语言氛围

我有一个学生叫何晓雪，平常总是戴着耳机，听英文电影原版录音，学英语歌曲，所以，她的英语特别好，学得也挺轻松。何晓雪每天坐公交车上下学，别人聊天或者发呆的时候，她都在练习听力。利用零碎时间积少成多，这是英语学习的一个好习惯。

有些学生对读英文课外书兴趣浓厚，这里面也有层次水平的区分。图画书、名著简本、幽默故事、英文原版，我们可以根据不同爱好和水平选购一些。而且，我们平时不妨订购一份英文报，把好的段落、文章剪下来，贴在本子上，认真学习研究，逐步积累。

另外，英文写作也有诀窍。我们的语文作文，通常讲究"文似看山不喜平"，最好引经据典，写出新意，决不能"八股腔"。恰好相反，英语作文应当尽量运用我们熟悉的短语，做到条理清晰、观点明确，文从字顺足矣，千万别折腾那些复杂的词汇和成语。我一个40多岁的老学生，就是靠这种潜心研究的英文写作法，获得了博士考试英语学科高分。

最后，学英语就要寻找一切机会进行英语对话。同学、外教以及一些外国游客都是你的聊天对象。

# 03 | 家庭是孩子成长的加油站

- 挫折,与孩子一起勇敢面对
- 少年也识愁滋味,家长应是"解忧草"
- 智慧应对孩子青春期的困惑——逆反
- 追求完美最不美
- 老王独家:英才家长的教养故事

对每个人来说，家都是具有非凡意义的地方。对于还处于成长期的孩子来说，家的意义更是如此。在这个阶段，家庭给孩子提供什么，决定了孩子的一生。在家庭这个加油站里，孩子不仅要获得能量的补给，还要获得爱的温暖、品德的养成、承受挫折的能力、勇于担当的责任心……这些，都是孩子能否成长为英才的必要条件。其中的任何一个条件，都离不开家庭对孩子的培养，无一不是在"家庭"这个最小的社会单位中养成的。家长们的责任重大。家长们要不断学习，丰富自己，才能为孩子的成长提供充足能源。

> 家庭给孩子提供什么，决定了孩子的一生。

### 老王英才教育箴言

- 人间万事，许多东西是我们无法选择或改变的。出生，我们无法选择父母；上学，我们无法选择老师；进入社会，我们不能改变大环境。我们唯一可以改变的，是自己的心态。
- 不断剥开黑暗的壳，总有一天会看到光明的核。
- 挫折早晚都要面对，现在不面对，等进入社会了还面对得了吗？
- 在挫折的磨砺中，孩子培养了责任心、自制力、自信心……这一切不仅在学习中很重要，而且在孩子的整个人生中也是排第一位的。
- 挫折是一场考试，考的是孩子，更是家长。

## 挫折，与孩子一起勇敢面对

孩子每遇到一个问题，就相当于遇到了一次挫折。这个时候，家长如果处理得好，挫折就会转变为孩子成功的助推器；家长如果处理不好，则有可能让孩子陷入一蹶不振的困局。

可是，面对挫折，连成年人都难免心灰意冷，又怎么能让一个不谙世事的孩子冷静面对呢？我的答案很简单——不让他们自己面对。

试想一下，当你遭遇打击，内心痛苦彷徨的时候，如果能有一个人帮你分担烦恼，为你排解忧愁，指点迷津，你会不会觉得很感动、很幸福，从而燃起新的信心和希望？更何况是一个孩子，他更需要这种分担和指点，来帮助他面对成长中大大小小的挫折。谁能完成这个任务？老师吗？老师在课余时间并不能时刻陪在学生身边。同学吗？年龄相仿的孩子面对挫折的经验同样欠缺。唯一能完成这个任务的，只有家长。

● 遇到挫折，家长先振作

我在人大附中当班主任时，经常有家长们跟我"忆往昔峥嵘岁月"。

"王老师，这孩子小学、初中都是班里的尖子生，一上高中就退步了！"

"王老师，他在以前的学校年级里是数一数二的啊，现在也就算个中等生吧？"

……

遇到这样的家长，我总是劝他们："好汉不提当年勇。你们是不是始终停留在孩子最辉煌的时刻？认为自己的孩子就应该是第一，只能是第一，谁都不能高他一头？那我们班岂不是要产生55个并列第一，这样可能吗？能进人大附中的孩子已经是凤毛麟角了，过去的第一名和现在的第十名、第二十名，有可比性吗？能不能把过去都忘掉，就从第十名、第二十名开始，把它们视作孩子现在的起点，重新振作呢？"

遇上挫折，孩子还没倒下，家长先不淡定了。家长一开始着急，轻则在孩子面前愁容满面，一肚子牢骚；重则打骂孩子，诱发孩子的逆反心理。这样一来，挫折造成的负面影响就像滚雪球一样，越滚越大，最终不可收拾。在我看来，挫折是孩子成长的必修课，同样也是家长成长的必修课。战胜挫折，走向成功的第一步，就是不要倒下。

侯晓迪是我教过的最顽强的一个学生，他的家长也是我见过的最优秀的家长。这个孩子的学习成绩一般，但是创新能力很强。家长也并没有因为他尴尬的成绩而反对他的爱好，相反，还支持他参加科技制作竞赛。谁知，这位人大附中鼎鼎大名的"电脑神童"，竟然无缘全国科技大赛，就此断送了保送清华、北大的机会。这是第一次挫折。

面对这次失误，侯晓迪的家长虽然心里很沮丧，但在孩子面前却全然没有表现出一点点失落的情绪，相反不断地鼓励孩子。后来，侯晓迪又参加了"SK状元榜"比赛，以他的执着和学识，夺取冠军本在意料之中。他和同伴两人一组，从周冠军、月冠军，一路闯进决赛。在年度大赛中，两人与对手杀得难解难分。在最后的加时赛，他们出现了一个微小失误。侯晓迪再一次和冠军失之交臂。这是第二次挫折。

这之后，侯晓迪就有了出国的念头，他跟我商量："王老师，能不能让我回家一个月，我主攻英语？"按学校规定，在高考的紧要关头，这种冒险的事是绝对不可以的。我不得已联系了他的家长，本以为他的家长也会非常反对，但意外的是，他的家长还专程来到学校，拜托我批准孩子的请求。于是，为了成全这孩子，我瞒着学校，偷偷地批了他的假。后来，侯晓迪的英语成绩考得挺好，开始办理留学手续。结果，连续申请了6个学校，他竟然没等到一份录取通知书。在2003届的学生毕业之际，国内正遭遇"非典"，国外对华奉行"三不政策"，即：不录取，不签证，不接收。大多数学生都提前办好了出国手续，而侯晓迪正好撞到了枪口上。这是第三次挫折。

于是，侯晓迪只好重整旗鼓，备战高考。成绩出来了，可是不上不下。问清华，清华不肯定；问北大，北大也含糊。最后，侯晓迪选择了上海交通大学。虽然也是国内一流名校，但毕竟不是他的预期。这是第四次挫折。

侯晓迪屡战屡败，不是他的态度、能力有问题，或许可以理解为"命运悲剧"。侯晓迪擅长课题攻关，但知识储备不全面，这样的学生在基础教育阶段是最不适应中国的考试制度的。上了大学以后，"桀骜不驯"的侯晓迪在一种更为自主的氛围中学习，终于捷报频传，开始进入"一日看尽长安花"的阶段。

每一次受挫，侯晓迪的家长也很难过，虽然他们不说，但是不代表侯晓迪不知道。他曾经这样跟我说："因为爸妈从来不会给我压力，我反而更不想让他们失望，不然，我可能真的放弃了。"我听了大为震撼，可以说，侯晓迪能够坚持到迎来丰收季，一多半的功劳得记在家长头上。从"永远对自己的孩子抱有信心"到"鼓励孩子重新振作，投入新的战斗"，每一次都是家长把陷入逆境的侯晓迪拉出了泥潭。

人间万事，许多东西是我们无法选择或改变的。出生，我们无法选择父母；上学，我们无法选择老师；进入社会，我们不能改变大环境。我们唯一可以改变的，是自己的心态。"不管风吹浪打，胜似闲庭信步"，这就是侯晓迪一家人的选择。**不断剥开黑暗的壳，总有一天会看到光明的核**。这一切的关键都在于家长能不能带领孩子顶住压力，克服困难，坚持到光明到来的那一刻。

● 挫折是成功的垫脚石

家长心疼孩子，不忍心看孩子吃苦，这种情况现在越来越普遍。也难怪，6个大人宠一个孩子，吃饭怕烫着，走路怕磕着，这么多年下来，溺爱都成了一种习惯。看孩子遇到挫折很痛苦，家长都恨不得赶紧替他扛着。正如我之前所说的一样，孩子需要适时地经历一些挫折，因为每一次挫折都有可能磨砺出更好的品格。

我在青岛二中工作期间，认识了这样两家人。

这两家人可以说很有缘分，不仅大人之间是世交，孩子之间也是好朋友，又是同班同学，学习成绩也都很优异。在高二的时候，两家人想让孩子去更好的学校上学。为了到新的环境互相能有个照应，两家人商量，一起把孩子转了过去。没想到，她们不同的人生轨迹从那个时候就开始了。

两个孩子虽然在原来的学校名列前茅，可是因为原校整体教学水平偏低，而新的学校强手如云，她们的排名一下子就掉到了中等以下。一下子失去了众星捧月般的感觉，再加上新学校的住宿条件比较差，从小娇生惯养的孩子哪受过这种苦，天天哭着给家长打电话。哭来哭去，其中一个孩子的爷爷、奶奶受不了了，觉得孙女在外面天天受委屈，会把身体哭坏了，就给父母施压，让他们把孩子接回来。父母一开始不同意，但架不住爷爷、奶奶的轮番轰炸，加上自己确实也心疼，就把孩子转回了原来的学校。另一个孩子的家长意志坚定些，虽然也很心疼孩子，但还是咬咬牙坚持了下来。后来，回来的孩子因为同学的平均水平不高，轻轻松松就能拿前五名，过得逍遥自在；留下的孩子没办法，只好在那些强手中拼命努力，起早贪黑，历尽挫折，终于也挤进了前五名。虽然名次看起来差不多，可是由于整体水平的差别较大，在高考中，留下的孩子比回家的孩子多考了近100分！

这个故事到这里还没有结束。4年后，两人分别从不同的大学毕业了。当初回来的那个孩子依旧无法面对挫折，遇上点困难就哭就闹，不知道换了多少份工作，哪个也不满意，愁坏了家长。留下的孩子则变得很坚强，遇到困难也不会求助家里，自己想办法解决，现在已经升任经理了。

所以我常说，趁着孩子还小，家长让他们吃点儿苦是有好处的。挫折早晚都要面对，现在不面对，等进入社会了还面对得了吗？

● 及早发现小问题，避免将来栽大跟头

我常说："成长的过程跌宕起伏，有高峰就有低谷。一时一地的失利，有助于孩子发现问题，更快进步。及早解决小问题，才不会栽大跟头。"

于是，就有家长问我了：

"王老师，我看老李家的孩子，他就是常胜将军，从来没有失败过。"

"王老师，有没有什么秘诀，让孩子防患于未然？"

……

我的回答是："首先，没有不出问题的孩子。家长不要苛求孩子完美无缺,屡战不败。同时,百战百胜不是每个孩子可以达到的境界。有些孩子之所以持续优秀,的确有一整套更为完备的应变机制。这个应变完成得怎么样,需要家长和孩子的共同努力。"

想成功应变,先要搞清楚一个问题:常胜将军为什么战无不胜?

一个学生在做作业时,有一些知识点反复出问题,或者有几次小考总在某一方面丢分,这就是一种无声的警告。常胜将军并不是有多么聪明,而是善于抓住这些反馈信息,及时调整,进而在重大考试中,总是发挥平稳,所向披靡。

一次考试虽然成功了,但是试题中已有的信息表明:有些问题需要引起重视。多数孩子容易抓大放小,得意忘形,等到下一次测试大败而归,才痛定思痛,查漏补缺,学习的起伏也就在所难免。

因此,常胜不败的秘诀就是:及时调控自己。在学习过程中,从不忽略每一个看似细小却有可能产生重大后果的问题,并且锲而不舍地加以解决。

我有个学生叫张亦楠,高中毕业后被保送进了清华大学,现在在哈佛大学读博士。他是一位比较典型的"常胜将军"。让高三学生深感头疼的每天"统练",张亦楠自有一番心得。

高中3年,我独爱高三,因为高三每天都有统练。

听起来是不是很"疯狂"?其实,连我的朋友也认为我的这种观点近似疯癫。

我爱统练。因为统练,每天清晨,我都会满怀希望地去上学;每天上午,我都会满怀希望地去听课;每天中午,我都会满怀希望地去吃饭;每天下午,我都会满怀希望地去为即将到来的统练而摩拳擦掌。统练是我一天的希望所在。因为统练,我生活得很充实。

我爱统练。统练没有压力，因为它不直接关系到我的未来和前途；统练又有压力，因为它是正规的考试，而我看重每一次考试。正是这种不松不紧的氛围让我达到最佳状态。统练时，我总能敏锐地发现题目中的"陷阱"，那个时刻的喜悦即使在分数下来以后，仍让我回味无穷。

我爱统练。统练后与其他同学比分，较量个高低，是高三必不可少的项目。如果能够"一览众山小"，我会高兴两三天；若是不幸在年级"泯然众人矣"，我也会花一个晚上面壁思过。不过，大多数情况，我与那些高手都互有胜负，"胜故欣然，败亦坦然"嘛。

我在高三有一个"统练伙伴"，他与我一样，视每次统练如高考，且他的实力亦甚强。我们还有一个相同点，都不大谦虚。每次分数下来后，我们中的胜者都难免流露出对对方的挑衅态度。如果某次输给他，我会好几天感到"不服气"，而这种"不服气"正是我学习的最大动力。于是，一天一次的统练就让我这个疏懒的人勤奋起来。

我是个知足常乐的人，但我们班的强手几乎都扎堆坐在我那片，每次统练，我们就能很快知道其他人的分数情况，不免要比一比。谁比输了，都不服气，想着下次怎么样超过其他人。还好，我们每天都有机会，于是每天都有目标。渐渐地我发现，我也成为强手中的一分子，是统练让我这个知足的人不知不觉地取得了进步。

以上所有这些，使我顺利地保送上了清华。一天一次的统练，帮助我成功。

**张亦楠的故事告诉我们一个道理：优秀不是时间的累积，而是不断反省后的创造力的发挥。然而，并不是每个孩子都能做到像张亦楠这样，每天都在反省、调整自己。面对自我约束能力差的孩子，**

家长就要帮助他们调整。

有的家长会说:"我们的知识水平有限,何况过了这么多年,当年学的知识也忘得差不多了,怎么帮他们啊?"其实,并不需要家长有多么高的文化水平,我说的是"调控"孩子,而不是"控制"孩子。只要能搞清楚孩子的问题出在哪里,并给予适当的提醒,让孩子清楚地认识自己的不足,就是非常完美的帮助了。至于这道问题怎么解决,孩子有同学、有老师,他想解决,有的是办法。家长要做的是:在一旁关注进展,适当地加以监督。

● **怕输的结果是常输,不怕输才不会输**

除此之外,更重要的是:**摆正孩子的心态,告诉孩子赢不一定是好事,输也不一定是坏事。**无论输还是赢,都应该有合理的心态,做到"胜不骄,败不馁"。千万不能因为怕输背上思想包袱,那结果只有一个——必输无疑。

春节前,我遇到了一个初三的学生,这个孩子读初一的时候,在班里考第一名。这本来是件好事,可是她的家长做了件大错事——把她得了第一名的事四处宣扬,在所有亲朋好友面前吹嘘,回到家还不忘提醒一句:"你下回可还得考第一哟,不然爸妈的脸可就丢尽了。"家长的做法让这个孩子背上了一个严重的想赢怕输的包袱。第二次考试,她在班里考了第五名,这个女孩就觉得完蛋了,觉得遭受了巨大的打击。家长也没有正确对待这件事,不仅不给本就非常难过的孩子一点儿鼓励,反而责怪她丢了家长的脸,击垮了她最后的防线。从此,这个孩子心理上就蒙上了一层阴影,每次考试都想考第一。

背上了这么一个沉重的包袱,她又怎能考得好呢?她在考试的时候，每次都想考好，结果每次都没考好。越是没考好，她的心理包袱就越重。最后，她不堪重负，甚至身心健康也受到了严重影响。每一次开学，她脸上就一脸的青春痘；一放假，青春痘就没了。这真是让学习逼得不仅心理失调，内分泌也紊乱了。

她见到我的时候，已经在班里排第三十名，而且离期末考试就只有一个月了。她的家长找到我，让我一定要帮帮这个孩子。我一看那个小女孩，长得很漂亮，但是满脸的青春痘，还有一种淡淡的哀愁。

我问她这次考了多少名，她低着头，声细若蚊："我考了第三十名。"

我又问："你的问题出在哪儿？"

她想了想，回答道："老师，你都不知道，我初一的时候考了第一，可是之后我每考一次试就后退一次。看到父母越来越失望的表情，我内心特别愧疚，觉得对不起我的父母。到现在，我已经掉到了第三十名，都不知道该怎么学了，也没脸面对我的父母。"

我问她："你觉得你在班里应该是个什么水平？"

"老师，我觉得我在班里至少是前五名的水平吧。"

"你有没有想到过你是第三十名的水平？"

她说她从来不相信自己那么差。

我又问："这次这个第三十名是谁考的？难道是别人替你考的？"

她说是自己考的。

"既然是你自己考的，你为什么不承认这就是你的水平呢？"

她坚持说："因为我觉得自己不会差到那个程度。"

我笑了笑，说："这就是你的问题所在。首先，你必须面对这个事实，这个第三十名是你自己考的，即使这是一个比较差的成绩，它也是你考的。你明明考了第三十名，竟然不承认自己是排在第三十名的学生。你们班第二十八名是谁？你分析一下那个同学哪一门功课比你好。"

她就在那儿念叨："他的数学不如我，他的英语也不如我，他的语文更不如我了……"最后的结果是：那个考第二十八名的学生哪一门都不如她。

我就笑了："你想想，一个哪一门都不如你的学生，人家竟然在考试的时候比你考得好，你难道没有问题吗？今天把你的问题找出来，你学习的问题就解决了。"

她又想了想，说："老师，我找到了。我的问题可能就是：我每次考试都想考好，结果每次都因为高度紧张而考不好。"

我说："很正确。你曾经考第一，这充分说明你的智慧、你的潜能、你的智商有多么突出；现在之所以考到第三十名，不是因为你智商不高，也不是因为你能力不够，而是因为你的心态出了问题。你要把自己的心态调整好，在哪儿摔倒了，就在哪儿爬起来。解决了心态问题，学习就完全没问题。还有一个月就要期末考试了，你期末考试的时候，我给你个目标，你超过那个第二十八名的同学，行不行？你只要能超过第二十八名的同学，你就取得了一次巨大的成功！"

她信心满满地说："老师，我超过他，那太容易了！"

我趁热打铁："好，你下一次考试的目标就是超过他，行吧？"

她点点头，信心满满的。到了一个月以后的期末考试，她真的一下子考到了第二十七名。

她知道成绩以后，立即给我打电话，兴奋地说："王老师，我这次完成你交给的任务了，我竟然考了第二十七名，我太高兴了！"

　　如果不是我寒假前给她调整目标，这次考第二十七名，她依然以为自己是失败的，因为在她的印象中，她就是前五名的学生。她只要考不进前五名，就以为是失败的，所以她永远享受不到成功的喜悦。我给她降低目标，她考到第二十七名，就兴奋异常。她又问我："王老师，你说我下一次的目标是什么呢？"

　　我说："你下一次再在你们班前进两个名次，就是一次极大的提高。"

　　她有点不满足地问我："老师，我想提升5个名次，行不行？"

　　我说："你能提升5个名次，那更好了，但是不要那么快，我觉得你能提升两个名次就够了。"

　　指导完孩子，我立刻叫来了孩子的家长。我们有了如下的对话。

　　"你们知道孩子为什么越来越退步吗？"

　　"因为她自己的思想包袱太重。"

　　"错，是你们给她的思想包袱太重！她本来就苦恼，成绩下滑了，你们做家长的，不仅不关心，还老是怪她给你们丢人了。你们越这么责备她，她思想包袱越重，就越是考不好。而且，你们给她的要求永远是第一名，她一下子根本做不到，更加没信心了，如此往复恶性循环，才导致了现在的结果。"

　　"王老师，我们也没想到问题会这么严重，那现在怎么办呢？您可一定得帮帮我们，您让我们怎么做我们就怎么做。"

　　"不管你们有多希望她考第一名，都先把这个念头埋在心里，因为她是一个内心感情很复杂、很细腻的女孩。现在，她心理压力越来越大，如果你设法给她一个解脱，她解脱之后，就得到了一种成就感，她看到了自身的潜能，也就能树立信心了。所以，从现在开始，你要采用以退为进的策略，把目标放低，千里之行，始于足下，让她一步一步来，积跬步而行千里，她取得了小的胜利后，尝到了胜利的甜头，便能激起她取得更大胜利的希望。"

……

家长一脸感激地走了。我相信，这个孩子未来的路会平坦许多。果然，过了没多久，孩子高兴地告诉我，她已经考进前二十名了。再后来，是前十五名、前十名、前五名，最后竟然回到了第一名的位置。

我用在这个孩子身上的教育方法，看似选择了一种妥协，但实际上"退"是为了更好地"进"。有所得必有所失，有所失必有所得。就像老子说的"祸兮福所倚，福兮祸所伏"，很多事情到底是福是祸，谁又能分得清呢？关键是，抓住问题善于分析，从消极因素里头找积极的苗头，从积极趋势中预防消极因素，这样就能够更好地发展了！

● **从头再来，笑得更甜**

湖南有一个学生，第一年高考落榜，来到深圳打工。半年的异乡漂泊生活，让他尝遍人生百味。看到《英才是怎样造就的》这本书后，他给我写了一封很长的信。

在信中，他说："王老师，感谢您为我们年轻人写出这样一本好书。我经过痛苦反思，终于知道自己该干些什么了。今天，我就要打点行装回湖南了，我要复读，开始我的新生活。等我考上大学的那天，我一定会上北京，向您报到。"

在半年的打工岁月里，这个年轻人承受着没有学历、缺乏知识所带来的种种艰辛，生活第一次向他露出狰狞的面孔。历经了生存的压力，再来面对学习上的困难，他显得格外从容镇定。我想，以这种心态从头再来，这孩子将来的路必然会多一些平坦，少一段坎坷，多一份拼搏，少一点畏缩。我并不提倡复读，但在目前的教育和就业形势下，复读的孩子身上体现出来的顽强的品质、高远的追求，令我感动！

在我的教育生涯中，经常遇到一些"钻牛角尖"的学生，他们高考志愿只报清华、北大，或者复旦。总之必须是他满意的学校，绝不降低要求。今年考不上，那就复读，明年再考。每一次，我都要给这些学生做大量的工作，跟他们讲："成功的道路千万条，别拿青春做赌注。"不过，打心眼儿里，我很敬重他们。他们没有学上吗？他们没有前途吗？都有！这些学生，小小年纪，为了人生有一个更高的起点，就顶着巨大压力拼命进取，这种精神弥足珍贵。

虽然我不完全赞同复读，但本着"不以高考定终身"的原则，我认为以下3类孩子可以选择复读。

第一类：高中没有投入学习，没有充分挖掘潜力的孩子。

第二类：高考志愿报得不理想的孩子。

第三类：平时成绩好，临场发挥失常，未达到自己目标的孩子。

我在青岛二中工作期间，有一个朋友是海军四○一医院的院长。他女儿高考没有发挥好，知道分数后，全家都很沮丧。

是勉强上一所普通大学，还是复读一年再搏名牌大学？在这个问题上，一家三口出现了严重的分歧：老爸心疼女儿"受二遍苦遭二茬罪"，不赞成复读，赶紧联系了一所部队院校；妈妈认为女儿能够东山再起，动员亲朋好友说服爸爸，力主女儿复读；女儿犹豫不决，但倾向不复读。

全家人为此热战完了闹冷战，谁也不搭理谁。胶着态势下，他们找到了我。我教过这孩子一年，立即做出判断：孩子基础好，潜力大，复读必胜。但是，孩子对复读畏首畏尾，怎么办？于是，我跟她谈："第一，复读这一年，肯定要吃大苦，但如果你全身心地投入到学习中去，这一年会过得很快。所以，这个苦绝对是可以克服的。"

"第二，有些孩子之所以复读后成绩反而一年不如一年，是因为选错了老师，选错了学校，带着一种失落、一种遗憾，甚至是一种不安的心态，投入后面的学习。所以，只要找到一所负责任的学校，加强心理引导和日常关爱，就不用担心退步。"

"第三，复读一年后，你至少还能读现在的大学，不会退步，所以几乎是零风险。"

一不怕苦，二不怕败，再有家长保驾护航，孩子不再失魂落魄，决心放手一搏。于是，家长开始为"复读计划"四处考察。不能留在原来的学校，那样会加大孩子的心理压力；也不能奔赴太远的学校，那样无法及时掌控孩子学习的质量、进度。最后，家长选择了青岛平度九中，一所城乡结合部的学校，封闭式管理，师资力量强，培养细致周到。

从小生活在大都市的姑娘，突然来到了一个农村中学，一时很难适应。孩子总是听到一群老鼠在床底下"欢歌跳舞"，上半夜怎么也睡不着。一开始，她成天哭："干吗要复读？为什么要遭这样的罪？"然而，当学习的压力扑面而来时，这点儿苦也就不算什么了，一年时间眨眼就过去了。孩子第二次的高考成绩，整整提升了100分！她最后拿到北京交通大学的录取通知书，全家人欣喜不已。

在挫折的磨砺中，孩子培养了责任心、自制力、自信心，这一切不仅在学习中很重要，而且在孩子的整个人生中也是排第一位的。一个人拥有了这些优秀品质和能力，即使考不上一流名校，也一样会成为社会精英；没有这些品质，无论接受多好的教育，终究是一事无成！

● 与孩子一起击退成长路上的"拦路虎"

其实很多孩子不是输在了挫折上，而是输在了信心上。谁都想付出就能看到成效，如果一无所获就很沮丧，甚至不想再努力了，这都是很正常的现象。家长们应该让孩子知道，"拦路虎"是一定会有的，但它们都是纸老虎，就算模样再凶神恶煞，也抵挡不了勇敢之人的挑战。

当然，孩子毕竟还是孩子，让他们做到不顾一切勇往直前也实在有些强人所难，此时此刻，我们这些做家长的，有必要加强引导工作。

高考之前，我女儿的解析几何一直不能过关。临考前的最后一天，我找了6道高考模拟解析几何题，希望通过这几道题，把高考解析几何可能考到的各种题型都提炼、集中起来，然后让孩子去做。

做第一道题时，女儿就卡壳了。我给她讲了10多分钟的解题思路。

女儿说："行了，爸爸，我会做了。"

"那你往下做吧！一定要做到底，得出最后答案。"我知道，思路懂了并不等于会做。再往下做，当她把一次直线方程带到圆锥曲线方程里，立刻出现了一个$X$、$Y$并存的二元二次方程。这下子，孩子的脑袋又大了。实际上，解析几何的过程越是复杂，最后的结果越简单，很多孩子就是被这个复杂的过程打倒了。女儿又卡壳了。

我看她老半天又不动，就问："怎么不做了？"

她沮丧地说："又不知道该怎么做下去了。"

我从此处着手，又点拨了一次，然后问："怎么样？会了吗？"

她说"会了"，但她就是不愿意再往下做了。

我知道，孩子是害怕再次失败，就说："我给你讲的东西，你觉得你会了，但并不等于你是真的会了，也不能代表你把解题方法真正学到手了。反正明天就要高考了，今天做题，咱们只当玩儿，行吗？"

女儿十分勉强地点点头。

我说："你现在能不能这样，按照我刚才给你讲的思路，从头到尾再做一遍。时间多长都不要紧，只要求一点，这个题必须得满分。我也不再提示你，怎么样？"于是，女儿重整山河，耐心琢磨做题的全过程。半个小时以后，结果出来了，她长长地出了一口气，兴奋地说："我找到感觉了，我终于找到解析几何的感觉了！"

女儿松了口气，我心里也踏实了不少。

我问她："你过去对解析几何没有感觉吗？"

她使劲点头说："从来没有这种感觉。"

"那你过去是怎么做解析几何的呢？"

女儿笑笑："一碰到解析几何，我就害怕！"

过去，女儿每每遇到解析几何题，总是在熟悉的地方卡壳，一卡壳就赶紧翻答案，企图快速把这个题绕过去。殊不知，每一次卡壳是一次机会,如果不能利用这次机会下工夫找出原因,还不如不做。

有些题目,你好像不会,但是看看答案,又好像懂了。这说明要拿下这类题,你还有一步之遥,也仅有一步之遥,你完全可以战胜它。可就是这样一些题,阻止了孩子们考试拿高分,纸老虎变成了拦路虎。放着这样的得分点不去攻克,畏畏缩缩、绕道而行,这不是糊涂、犯傻吗?

正确的做法是:不光要看懂这个题,还要对这种题的变形题也清楚明白。能做到这一步,才算真的突破了,而一旦突破了这个题,学生对这一类题的解题能力和信心就上了一个层次。

我给女儿打气:"这个题你懂了,再看下面的题,应该就没什么问题了。"

果真,后面的题女儿越做越顺。到第六道题的时候,她说:"这道题我不做了,行不行?"

"为什么?"我问道。

她调皮地说:"我给你讲讲思路。"结果,这孩子把思路从头说来,非常清晰。

我鼓励她:"今年高考,你的解析几何绝对没问题了!"

"真的?"女儿高兴地反问。

"真的!"我继续鼓励道。

许多学生都害怕解析几何,其实解析几何的规律性是很强的。学生害怕解析几何,通常是因为担心自己的计算能力,缺乏自信心。高考前,如果能够彻底地解决几个类似的题目,心理障碍一旦突破,你会发现解析几何并不是你想象的那么难。

我跟女儿说:"你这个解析几何的感觉来得挺是时候,高考前最后一天找着了。趁热打铁,多好啊!"

高中3年,女儿的数学从来没有超过120分,高考"临门一脚",她一下子考了147分。这是我们从来没有想到的优异成绩!

不太谦虚地说,如果没有我的这番帮助,女儿是不可能在最后关头战胜这个"拦路虎"的。孩子嘛,遇到困难的事产生畏惧心理很正常,家长做的第一步便是要让孩子知道,这个问题远没有想象中困难。万事开头难,你试着努力下去,困难早晚会迎刃而解的。

当然,为了更有说服力,家长最好也围绕孩子遇到的挫折补充些相关知识,以便更好地指导孩子。别怕自己做不到,想要孩子不惧怕失败,家长首先得先做到这一点,才能起到表率作用。所以,我常说:**挫折是一场考试,考的是孩子,更是家长**。如果因为家长的原因让孩子没能通过考试,该是一件多么遗憾的事啊!

● "不经打击老天真",挫折是成长的助推器

北京某中学的一个学生,当年高考648分,报考清华,差7分落榜。

高三一年,他的成绩一直很平稳,每次考试都能超过清华的录取分数线。于是,他填报了清华,而且就只报了这一个志愿,别的学校都没报,他觉着十拿九稳。可成绩一出来,傻眼了,他也没觉着有什么不对的地方,发挥正常,但就是没考上。什么原因?原因就是他平常的成绩太稳。

孩子的成长和大自然的规律是一样的,潮起潮落,斗转星移。

正是因为过程的跌宕起伏，孩子才能够发现问题，查找漏洞，才可能练就顽强的意志力和抵抗挫折的能力。这次没考好，他肯定会痛苦，但还需要反思，这就是一笔财富。反之，这次考了第一名，下次还考第一名，没有退步，他也不会有太多的反省，于是失去了一次很好的锻炼机会。

我经常强调：我们追求一个完美的结果，而不是完美的过程，正因为过程的跌宕起伏，才造就了结果的完美无缺。从这一点来讲，家长要允许孩子的学习成绩有起伏，不能让他们败不起。

**学习的过程本身就是一个丰富人生认识的过程。成也高兴，败也高兴；成有成的快乐，败有败的锻炼。**考好了说明孩子进步了，让他体会成功的喜悦，同时告诫孩子，注意中间潜藏的一些危机，平静的水面下也有暗流、激流；考差了一定要鼓励孩子，通过考试发现了更多的问题，于是，孩子下一步的目标会更明确，步子走得会更踏实。

"未曾清贫难成人，不经打击老天真"。一路顺利的人，未必能成大事，未必能成大器。挫折就像每个人头顶上悬着的一把达摩克利斯之剑，越是不怕挫折的孩子，越不容易受挫；越害怕挫折的孩子，往往就会被这把利剑所刺伤。

## 少年也识愁滋味，家长应是"解忧草"

古诗有云："少年不识愁滋味，为赋新词强说愁。"这首诗拿到现代来，那可真是落伍了。现在的少年，不仅识愁滋味，而且烦恼并不比大人的少。当孩子有烦恼的时候，家长一定要安慰孩子，陪孩子一起解决问题，家长应该是孩子的"解忧草"。如果家长不但不能帮孩子解决问题，反而简单粗暴地训斥孩子，对孩子的学习和未来，就可能造成不可逆转的伤害。

● 放下身段，当孩子的战友

我女儿小学期间，曾在城乡结合部的一所学校上学。那里有一帮男孩，天天以欺负女同学为乐。女儿是转学生，普通话讲得又不标准，成了他们的首选攻击目标。女儿受了欺负回到家，就跟她妈妈诉苦。妈妈也没招，气急败坏地说："你自己窝囊啊，你不会骂、不会打吗？你不会找老师吗？"从此以后，女儿不再求助妈妈，就找我倾诉。我当时在青岛二中当教导主任，一天到晚忙得晕头转向。我晚上回到家，孩子已经睡了；我早上出门，孩子还没有起床。委屈一天天积压下来，女儿就变得谨小慎微、患得患失、疑神疑鬼了。直到离开青岛，来到人大附小，她才一天天开心起来。

多年以后，女儿考上北大。我逗她："在青岛上了3年小学，你不回去看看？"

"那是我的伤心地，我不想回去！"她伤感地回答。

"有那么严重吗？"我故意问。

她说:"老爸,你不知道,那段日子对于我来说,简直是场噩梦。"

原来,有一次,她实在被欺负得受不了了,回家跟妈妈哭诉。她妈妈找到校长,哭哭啼啼地告状。校长一听也挺气愤,让班主任去处理。结果,班主任回到班里,做的第一件事,是抓住我女儿的红领巾,把她拖到教室的后面,罚她站着听讲。第二节课,班主任让那几个欺负她的小男孩掐着表,看着女儿跑圈。

直到今天,女儿谈及此事,依然泪眼婆娑:"我当时不敢跟您说,爸爸,我做错了什么呢?本来是我被欺负了,为什么还要我接受这样的惩罚?"我当时听到女儿这么说,心里真是难受极了,为自己当年没能为女儿做点儿什么感到深深的自责。

过去,我们家兄弟姐妹7个,为了争一点儿东西,经常打得鼻青脸肿的。一觉醒了,第二天还是好弟兄。物质生活虽然匮乏,人的心理还是挺坚强的。现在的孩子,一家一个,如果不能向父母倾诉,负面情绪没有宣泄口,又没有兄弟姊妹,家里的路就给堵死了;假设老师不能主持公道,同学间又缺少交流,学校的灯也就灭掉了。所以,家长不要指望孩子是不败金刚,更不要在他们面前失控、失态。家长不失态,孩子才能更坚强。

我曾经接到过一位学生家长的求助电话。

他说:"孩子现在上小学5年级了。有一天,班主任把我叫到学校,指出了孩子目前存在的3大问题,要我全力解决。我也不敢耽搁,在家里'整顿'了一个多月,就是不见起色。王老师,您帮帮我吧!"

我问:"班主任谈了你的孩子的哪些问题?"

他张口就来:"其一,会做的题经常出错,这是孩子粗心马虎的表现；其二，学习效率不高，学习方法有问题；其三，上课注意力不集中，不遵守课堂纪律。"

我告诉他："首先，老师说孩子会做的题经常出错是粗心马虎的表现，我认为这是一种误判。会做的题经常出错，一般是基本技能不过关，而基本技能的提高是不能一步到位的，需要持之以恒的训练。

"其次，孩子学习效率不高是因为学习方法不当，这话没错。但老师不能仅仅是孩子问题的发现者，还要是问题的解决者。恰当的学习方法是什么，老师告诉你了吗？"

这位家长回答："没有。"

我说："显然，这位老师还存在着指导不到位的问题。"

**家长既应该尊重老师的意见，又不能盲目服从老师做出的结论。**每一位老师一年要教几十上百个学生，一辈子下来，教过的学生成千上万，对于某些学生有偏见或者误判，当属合情不合理。可我们每一位家长，只有一两个孩子。为什么自己不能去了解、去判断你的孩子呢？老师一批评，家长回去就拍桌子瞪眼睛，跟孩子势不两立。我不认为这是教子有方，倒更像是推卸责任。这样做的潜台词是：我对孩子已经没辙了；老师怎么说，我就怎么干；孩子再有事，那也是老师教的。

如果老师误判在先，家长不分青红皂白，再对孩子一顿修理，这无异于双重摧残。所以，无论老师还是家长，都应该是孩子心灵的保护神，不要让孩子对自己最亲近、最信赖的人感到绝望。**尽信师不如无师，家长必须主动观察，独立判断，寻求解决办法。**

● 尊重孩子的敏感和脆弱

挫折并不可怕，可怕的是如今很多孩子无法承受因挫折造成的打击。在独生子女时代，孩子越来越有主见、有个性，同时，他们又太敏感、太自我，更容易悲观失落。有时一个在成年人看来微不足道的小事，都有可能成为压垮孩子们的"最后一根稻草"。

我尊重孩子们偶尔的脆弱，正如玫瑰上的尖刺，那不完全是缺点，而是他们生命的一部分。作为家长，我们要做的不是怎么让孩子完美无缺、世故圆滑，而是如何保护一颗年少的进取心。

初中时，肖盾同学特别想入团，自以为符合条件，却接连两次在支部大会上落选了，从此肖盾就决定不再入团。

他妈妈找到我："王老师，你能不能动员动员肖盾，让他入团？"

我于是找到肖盾旧事重提，我说："肖盾，你看你这么优秀的一位同学，学习、体育双料王，还会吹小号，不能加入我们先进的共青团组织，真是我团的损失呀！"

肖盾没想到我会谈起这个话题，本想拒绝，又碍着我这一通诚挚的夸奖，他半天才缓缓地说："王老师，您知道，我曾经非常想成为共青团员。但是现在，我不认为不入团就不优秀！"

我一愣："肖盾，你说得不错。虽然共青团是青年的先进组织，但并不意味着没入团的学生都不够优秀。这种事需要自觉自愿，我只是希望你不要困在过去的阴影里出不来。"

肖盾倔强地说："王老师，在过去，这个阴影的确有，而且一直缠绕着我，让我烦躁，让我不自信；但现在，它已经很淡很淡了，现在一提入团，又要勾起那些不愉快的回忆，我觉得很痛苦。"

我一看，强扭的瓜不甜，一拍桌子说："好，不入了！咱说不入就不入！我坚决赞同你的想法，再也不跟你谈这个事了！"

孩子这才破涕为笑。

我知道肖盾不是一个破罐子破摔的孩子，怎么让他理解人生中这些无法回避的伤害？怎么让他体谅人性中那些挥之不去的阴暗？我一直指引着他。

我开始鼓励肖盾竞选班长。

竞选成功了，坐上第一把交椅的肖盾才真正感受到人世间的复杂。我引导着他，针对班级各种问题，做讨论、找对策。他渐渐明白，这个班级有美好的一面，也有烦恼的一面，如同我们的社会，如同我们每一个人。在半年的班长任期里，肖盾体验了风风雨雨、酸甜苦辣。他的自理能力、交往能力、化解危机的能力、排解痛苦的能力越来越强。

后来，肖盾的妈妈告诉我："肖盾说了，那一段不愉快的经历成为他永远的印记，激励他更坚强、更理性。"

● **单亲家庭，不要成为孩子的"包袱"**

我在山东期间，有个学生的父母离异了。女孩跟着妈妈过，天天听她妈妈念叨："你爸爸太差劲了！简直就是恶魔，从来不干人事！"就这样，在孩子心里种下了仇恨的种子。

到了高三，我给这个班上课。看看这个女孩，虽然她人长得很漂亮，却总是愁眉不展。有一次，她的数学考得特差，来到办公室，坐在我身边，一句话也不说。我只好先开口："你挺有意思的，到我办公室干坐着干什么？让我欣赏你一脸的忧伤吗？"

这孩子哇的一声，就哭开了。

我笑着说:"别哭别哭,大老王就是救苦救难的,你只管有苦诉苦,有冤诉冤。"

这孩子抽抽搭搭、断断续续地跟我讲了她的身世、她的迷惘、她的痛苦。

我叹息着说:"你挺不容易呀!从小受了那么多伤害,心里有那么大的阴影,你还这么坚强,这说明你挺优秀嘛!"

原来,这么多年,女孩一直都是在和父亲的严重对立中度过的。有一年,她爸爸开着奔驰,兴冲冲地来看她,想给她一些零花钱。这个女孩竟然当着很多同学的面,把钱摔到爸爸的脸上,气势汹汹地说:"你真让我恶心,你以为有钱就什么都能办得到吗?没门!"她就这样把她的爸爸赶走了。由于长久没有父爱,女孩的内心里,又觉得爸爸很神秘,于是天天祈祷:"让我超过爸爸吧!让他自责吧,让他痛苦吧!"孩子时刻被这样的纠结折磨着,干什么都别别扭扭的。

我开导她:"你才十五六岁,不能完全理解父母的感情。他们走到今天这一步,肯定有一些你这个年龄无法理解的原因。现在,你只听你妈妈的一面之词,就把你爸爸完全否定了。我的直觉告诉我,你这样做肯定有些偏颇。等你成家立业之后,你会重新看待这些事,你完全可以到那时再来判断你父亲到底是一个什么样的人。现在,你先收起这个仇恨。我相信你一定能考上一个好大学,超过你爸爸。哪天觉得心里郁闷了,就来办公室跟我聊天。还是那句话,有苦诉苦,有冤诉冤。"

从那以后,这孩子觉得有盼头了,心想一定要快快长大,主宰自己的命运,脸上越来越灿烂。恰好后来又遇到一个事,她的亲戚给她办了去美国的留学手续，需要60万保证金。这个傻孩子跑来找我，说："王老师，您能不能借我60万保证金呀？"这个时候，我已经调到北京了。

其实，这几年，女孩的父亲心疼孩子，又无计可施，经常以我的名义给孩子送钱。孩子当了真，以为我这个教书匠挺有钱的。可我上哪儿弄这60万呢？

我只好采取缓兵之计，对她说："我帮你借，你不用担心。"

我转身给她爸爸打电话："你表现的机会到了，你女儿要到美国留学，需要60万元留学保证金，你能不能做这个担保？"

"就是卖房子，我也要凑齐60万！"女孩的爸爸激动地说。

我拿着她爸爸的钱，以自己的名义，给孩子提供了留学担保。

女孩临走的时候，我到机场去送她。我告诉她："保证金不是我的，是你爸爸一笔一笔地凑齐了交到我手上的。"

眼泪在孩子的眼眶里直打转，她喃喃地说："为什么是他？"

女孩到美国留学期间，一直和我通信。我把她爸爸这么多年通过我资助她的事，一点点透露给她。我说："你要懂得父亲的爱，你还需要时间，需要平静。"

女孩第一次回国，她最大的心愿是：希望爸爸和妈妈两个人能一块儿到机场去接她，一家人找个餐馆，吃顿团圆饭。眼看孩子就要开学了，从青岛到北京转机，我去送她。孩子又哭开了："王老师，我不去美国了。"

我一愣："为什么？"

"我出国留学，就是想离开这个伤心地，忘掉我的家庭。可是，我回来一看，爸爸妈妈对我这么好，为什么还要花那么多钱，去过背井离乡的生活呢？"

我笑着说："踏踏实实把大学读完了，这些事以后再说。"

现在这孩子在加拿大工作，发展得很好。

很多人问我："单亲家庭无论怎么做，都会给孩子造成伤害吗？"答案是肯定的。

上一辈人的恩怨会不可避免地投射到孩子幼小的心灵上。我劝慰过无数怨偶，不到万不得已，绝不能走到那一步。已经是单亲家庭的父母，唯一能做的就是克制、忍耐，不要把自己的怨恨种在孩子的心里，而要让岁月的暖流融化孩子心中的冰雪。

● **不要让家庭问题毁掉孩子**

家对每个人来说，都是具有非凡意义的地方。家能给孩子提供什么，决定了孩子的一生。

好的家庭和不好的家庭有什么不同呢？**好的家庭是暴风雨里的避风港，而不好的家庭是避风港中的暴风雨。**在避风港和暴风雨里成长的孩子，表现是极为不同的。问题孩子的出现，就是因为家庭给了他们太多的伤害。

我曾经在青岛工作过4年，也认识了一帮朋友。其中一个朋友做房地产生意发了家，可能是因为家里钱太多吧，他总得找点儿"事"干，最后就天天找老婆吵架。那两口子天天吵架，可把孩子给害苦了，孩子的心灵备受摧残。孩子的爸爸经常喝得醉醺醺的，回家以后，不是跟老婆发火，就是跟孩子发火。这个孩子在这样的家庭氛围下，心态出现了严重的变化。他本来学习很好，通过自己的正常发挥，完全可以考上一所重点中学，可是父母经常吵架，使得这个孩子相当烦恼。渐渐地，他放学后不回家，背着书包上网吧，结果打游戏成了瘾，学习就越来越跟不上了。

后来，这个学生学得越来越困难，就跟家长提出来："反正高中我是不上了，你们要是想让我将来有点儿出息，就帮我转到职业中专去，我去学计算机，将来自己打工，反正我也不靠你们。"家长一看孩子态度很坚决，确实也挽回不了，没办法，就把他从重点高中转到了一所职业中专。然而，职业中专根本就没有学习的氛围，这个孩子更没有学习的动力了，他又不愿回家，因为家庭缺少温暖。所以，这个孩子一开始还按时上课，后来背着书包离开家门后也不到学校去了，直接奔网吧，就按学校的作息时间，按时出门、按时回家。家长也不知道他到底干什么去了，直到他连续旷课一个月，学校找到家长，家长才意识到问题的严重性，但是事态已经无法挽回了。

孩子的妈妈由于伤心失望，一气之下跑到北京，离开让她悲哀、让她痛苦的环境。有一天，我山东的几个朋友在北京聚会，孩子的妈妈也去了。后来，我们谈起孩子的教育问题，她就难过得哭起来。我一看，忙问她到底是怎么回事，她向我诉说了上述的情况，并说："王老师，我也是当家长的，我自己的孩子在青岛，他现在这个时刻，要么就是在家里正挨他爸爸的揍，要么就在网吧里混日子，我该怎么办？"我看到她对孩子这么牵挂，就干脆让她把孩子带到北京来让我看看。

于是第二天，她就把那个孩子接到北京来了。我领着那孩子先到北大，并找了我在北大上学的一批学生，安排他们带这个孩子参观北大，让他感受北大的氛围，结果在北大转了半天，他竟然无动于衷。到了晚上吃饭的时候，这个孩子摆出一副死猪不怕开水烫的样子来，说："王老师，我非常理解您的用意，北大是很好，但那不属于我。你如果想让我上高中，绝对不可能了。我爸爸不是有钱吗？他们不是吵架吗？我就让他们吵，我看看他们将来怎么对我。我就这样了，你也别挽救我，我是无药可救了。"

他这个样子反而激起了我的好胜之心，我这个人也比较较真儿，只要是到我手里的学生，无论多难我一定要把他改变过来。所以，我心中暗暗地较上劲儿，非得改变他不可。我曲线救国，换了个问题："你不想上高中了，那是不是意味着，我们今天不谈高中的事，别的都可以谈？"

他说是。

我问："你还想上那个职业中专吗？"

"不想上了，我现在才知道，职业中专根本就不是学习的地方，在那儿也没人管我，我也学不进去。"

"那你想干什么呢？"我追问。

"我现在就想过流浪的生活，让我爸爸的钱能够有用武之地。"他回答道。

孩子的这种破罐子破摔的态度让我有点儿心痛，我想了想问他："如果我现在安排你上大学的话，你是不是就能改变这种生活态度？"

他眼睛一亮，这一整天，他的眼睛第一次亮了。

他说："王老师，我向你保证，你现在只要能安排我上大学，我肯定立刻改变做人的态度。"

我就抓住这个机会，说："好，我现在就安排你上大学。"

我并不是说大话。现在中国有很多比较好的民办大学，其实并不需要参加高考，门槛很低。我给他选了一所学校，我让他到那里学法律。那时候已经快放暑假了，当天下午我就跟他妈妈跑到那所学校，正好那边还在招插班生，可以接收他。我给他报了名，学校就给他发了录取通知书。

当时离9月15号开学还有两个月的时间，我就对这个孩子说："为了你到学校能够跟得上，从现在开始，你把高中的课程全部学习一遍，我找老师给你辅导一下，你能不能配合？"

这个孩子重新燃起了求学的兴趣，竟然全力配合，两个月的时间，把高中课程全学了一遍。9月15号开学以后，他完全变了一个人。他妈妈跟我说："认识了你以后，我捡了一个儿子。"

这个孩子因为读了这两个月的高中课程后，主要课程补得也差不多了，再加上学习态度特别好，所以在学校学得特别开心。

我又找机会告诉他："你的第一学历是一所民办大学的，名不正，言不顺，你照这样的一种态度学习，4年之后，我还要帮你考研。我把政法大学的教授请来给你介绍一下考研需要准备哪些课程。你这4年之内，别的课程保证及格，重点突破研究生考试的课程。你本科毕业以后，直接考政法大学的研究生，那么你这一段起点比较低的本科经历，就完全成为历史了。"他一听非常愿意。

于是，我找了几个政法大学的教授给他进行了提前辅导，引导着他前进，并且安排他周末学英语。结果，这个学生在大学教授的引导下、在我的鼓励下，完全投入到学习中。本科毕业之后，他如愿考上了中国政法大学的研究生。

他的成功我不敢居功，因为他是一个底子比较好的学生，要不是家庭的原因，按照他原来的预期，一定能考上理想的大学，可是他的家庭差点儿毁了他。要不是遇到我,他恐怕一直会在家庭的水深火热中煎熬。在现实生活中,像他这样的学生不少,本来是很有潜力的学生,却最终在家庭的影响下一事无成。所以家长朋友们,当你们感叹、伤心孩子不听话、不好好学习的时候,请先反思一下,自己就一点儿责任没有吗?自己真的为孩子提供了成长为英才的环境,真的为孩子成为英才出了自己应出的力了吗?如果没有,那就先尽到家长的责任,然后再以平等的姿态和孩子共同进步吧。

## 智慧应对孩子青春期的困惑——逆反

随着年龄的增长，进入初中阶段的孩子，父母对他们的影响越来越弱，有一部分孩子会与父母产生一些对抗行为，这就是所谓的"青春期叛逆"。其实，我是不太赞成"叛逆"这一说法的，我更倾向于使用"青春期困惑"这个词。在近30年的教学生涯中，我遇到过无数处于"青春期困惑"状态的学生，最终，这些学生都很安全地度过了这个特殊的阶段。在这个过程中，有的孩子经历了一些跌宕起伏的磨砺，给家庭、给父母带来了一些麻烦，这是正常的现象，家长也没有必要为此焦虑不安。只要我们及时了解情况，尽早明白原因，尽快找到方法，这个阶段很快就会过去。如果我们看不到事情的真相，而一味地用成人的挑剔的眼光，以及用所谓的经验来应对，其后果就很难想象了。

为什么青春期的孩子会逆反呢？十六七岁的学生，其生理和心智趋于成熟，已产生很强的独立意识，对事物也有了自己的理解和评判标准，逐步形成了自己的价值体系，因而有较突出的逆反心理，并在日常生活和学习中表现出较强的好奇心和创造性。所以，如果你的孩子"不听话"，家长不用着急，而要根据具体情况具体分析。相反，如果这时候孩子还是对家长唯命是从，那就不正常了，这才是家长应该着急的事情。

孩子逆反当然是一件比较麻烦的事，但只要正确认识到这个问题，解决起来并不麻烦。

● 让孩子的心灵自由呼吸

我们班推荐指数最高的一篇班级日志，是正在剑桥大学留学的佟晓成当年的游戏之作——《颓废的日子》。佟晓成开门见山地说："我讲的故事是一个被压抑了许久的年轻人想听的故事。"为什么会有这篇日志呢？原来，佟晓成和其他6个孩子到南开大学参加数学夏令营，一开始也踌躇满志，好好学习，天天向上，甚至把自己的寝室搞成模范宿舍。但很快，他们遇到第一个"下马威"。佟晓成的日志这样写道：第二天一早，我们兴致勃勃地去上数学课，课是一个北大教授讲的，规格很高，可惜我们无福消受。那老先生讲课，先出道题，不等我们抄完就开讲。一道求极值的题，比如答案是75吧，他就说："我们先来求证74行不行？"然后，他就开始往黑板上写，写满了一黑板还不够，擦了再写，直到写满3黑板才求证完。老先生接着说："我们现在求证75。"结果，又是3黑板。求证完了，然后是下一题。6黑板之后，一个上午也就过去了，下午照例如此。开始的几天我们苦苦支撑，可到最后实在力不从心。加上那时正是酷暑，教室里的空调又只能当电扇吹，我们的学习积极性就一点点地被耗光了。

于是，他们"从只是睡觉，早上不起，然后迟到，后来慢慢发展到逃课"，到最后"彻底烂掉"——砸水塘，上网吧，捉弄服务员。

佟晓成的逆反是典型的青春期烦恼症。作为中学生的他们，身体会开始发生一些猝不及防的变化。生理的不适导致心理的迷失，这是症状之一。他们的学习也发生了前所未有的巨变。数学——从数字变成字母，从代数变成几何；物理——开始出现看不到，摸不着的电、磁、场……学习内容越来越抽象，情绪随之越来越摇摆，这是症状之二。

尽管如此，为什么《颓废的日子》成为12班人气最旺的日志呢？佟晓成文章的结尾给了我们答案：想来那颓废的日子是我年少岁月里一段美妙的回忆，至少我不会因为没有尽情疯狂而后悔。有的人一辈子都规规矩矩，永远不会像我们一样去颓废一下。或许，我们在大人眼中是些不可理喻的挺幼稚的人，可人生一世，总要活得有滋有味，不要辜负了自己。

读到这里，你是不是会心一笑？佟晓成的故事唤醒了我们每一个人对年轻时代浪漫的回忆，疯长的青春让破坏的念头蠢蠢欲动，但这个魔鬼同时又像天使一般顽皮、率真。逆反不是洪水猛兽，家长不必"除之而后快"。让孩子的心灵放放风，让压抑、焦灼、苦闷随时挥发，少走弯路，少浪费时间，可以大大降低他们成功的成本。你也将发现，逆反带给孩子的不全都是负面影响。

● 孩子逆反，问题可能出在家长身上

逆反的出现主要是因为孩子成长了，而家长的教育方法仍是适合初中以下孩子的那一套。孩子在成长，教育方法也要跟着改进，这样才能起到事半功倍的效果。

当然，也有一些家长不是方法落伍，而是从一开始方法就不正确。总有一些家长打来电话诉苦："我的孩子怎么那么不听话，他这也不好，那也不是。"当我提醒家长说："你能跟我说说孩子的优点吗？"家长往往是苦笑着说："他哪有什么优点呀，我看不出来。"家长眼里看到的都是孩子的缺点，整天絮絮叨叨，孩子不逆反才怪呢。

心理学上有个名词叫"习得性无助感",指的是人受到多次挫折之后产生的无能为力的感觉。一个人如果产生了"习得性无助感",就会变得绝望和悲哀,甚至很有可能放弃一切。

家长的喋喋不休,一步一步地把孩子逼向了"我行我素"。因为无论孩子如何努力,家长看到的、指出的永远是他的不足。久而久之,孩子就干脆什么都不做了。我把孩子的这种表现称为"习得性反抗",也就是常说的"叛逆"。

家长应该怎么认识并解决这些问题呢?

首先,要颠覆一个观念——听话就是好孩子。"好孩子"的定义究竟是什么?在某些家长眼里,对父母言听计从的就是好孩子。其实这样对待孩子,就是把孩子看成没有自我的"木偶",孩子对自我的肯定完全依附于外界的评价,这样会形成追求完美主义的人生观,会活得很累很有压力,因为他们毕竟不是超人。好孩子的界定应该有一个更宽的底线,父母要学会敢于接受孩子的逆反。

其次,要搞清楚该谁先理解谁。任何陷于僵局的关系要化解,肯定要有一方先去理解、包容另一方。是大人先理解孩子,还是孩子先理解大人?我认为应该是大人先去理解孩子,大人要试着站在孩子的角度去体会其心情与想法。父母不以自己的好恶标准要求孩子,尊重孩子独立的人格,并愿意以先去理解孩子的姿态与孩子形成互动,那么一个良性的沟通才可能开始。要理解就得先了解,了解孩子为什么生气、撒谎、逃学、打架……然后,设身处地地体会孩子的感受、接受孩子的缺点。最后,家长才可能引导孩子去认识自己的问题,并适时提出合理的解决之道。

第三,不要剥夺孩子经历失败的权利。失败是一种教训,更是一种提醒。你每天告诉他摔倒了会疼，如果他没有亲身体会，对"疼"的理解也是模模糊糊的。直到有一天他重重地摔了一跤，很疼，他才会真正明白"摔倒真的会疼"。下次当他再次经过那个地方时，才会自觉地注意。走一些弯路，有一些经历，多一些体会，孩子以后的路反而会越走越宽广，越走越顺畅。

第四，要学会用正确的批评方法。在孩子犯了错误的时候，家长也要给予严厉的批评。批评孩子要就事论事，说准说透，以质量胜数量，不要"老账新账一起算"。孩子最烦的就是父母的唠叨，这会让他们产生"永无出头之日"的绝望感，更不能不分青红皂白粗暴地指责，让孩子摸不着头脑，否则其结果只会是父母说了很多，孩子却不知道自己到底错在哪里。

第五，家长要不断地学习，并调整自己的教育方法。虽然在家长的眼里无论他多大都是孩子，但是教育孩子的方法，要根据孩子的年龄进行调整。过分地保护与过多地干涉都是不正确的。对孩子的教育，家长不能只注重智力与分数，因为决定人生幸福与否的不是学问的高低，而是孩子的人格是否健全。

家长们时刻不要忘记：孩子逆反，家长难辞其咎。要认识到这一现实，并真心决定跟孩子好好沟通，破除僵硬关系的坚冰。逆反不仅不会阻碍孩子的成长，反而会让家庭关系更加牢不可破。

- "听话"就是好孩子吗

不少家长表示，他们非常怀念孩子小时候的乖顺、懂事。一到青春期，孩子的各种不听话、叛逆，让家长非常恼火。在我看来，孩子也许并不是故意与家长作对、不听家长话的，这只是孩子要求行为独立的呼声。尤其到了中学阶段，孩子对学习的计划、假期的安排等都会有自己的想法，家长如果不顾及孩子的意愿，他就会不乐意，就会反抗，因为他感觉没有被家长尊重、重视。比如，去不去夏令营或兴趣班，孩子有做决定的权利，作为家长只能建议而不可以擅自做主，但现实情况一般都是由家长做决定，孩子可能不愿意服从。最终，家长感觉孩子"不听话"，课程的效果大打折扣。

这不由让我想起一个话题：怎样才算是听话？孩子到底要不要听话？我们很多家长希望孩子能够听老师的话、听家长的话，因为老师和家长有着丰富的人生经验，在他们的指导下，孩子会少走很多弯路。

家长的这种心情可以理解，可孩子是要长大的，随着年龄增长，孩子进入青春期，已经产生很强的独立意识，对事物都有了自己的理解和评判标准，正处于努力摆脱父母以及家庭影响的阶段。他们特别想证明自己可以主宰命运，无须按父母指定的"路线"前进。

孩子听话没有错，但绝不能因为听话而没有了自己的思想。如果孩子长大了，各方面还对家长唯命是从，那也许就是我们做家长的失败和悲哀了。如果孩子从小在家里，没有适当的经济权和行动权，得不到父母的肯定和认可，那他怎么能独立面对未来的生活呢？

我认为，理想的"听话"并不是让孩子对父母言听计从，而是让孩子学会与父母形成良好的合作和互动关系。这是孩子必须掌握的一种能力，也是将来孩子立足社会，在团队合作中不可或缺的能力。

如何才能让孩子正确地"听话"呢？

首先，让孩子学会为自己的事情做主。孩子只有先有了自主选择的权利，才会有为自己的选择负责和承担责任的意识。这首先需要父母对孩子有充分的信任，要相信孩子有能力处理好自己的事情。

其次，家长要鼓励孩子去尝试，允许孩子去探究，并允许他们犯错误，进而帮助他们改正错误。父母在尊重孩子选择的基础上，给予孩子合理的建议并加以指导，这样孩子才可能会重视家长的建议。

要允许孩子与父母、老师有不同的意见，给孩子辩解、争论的机会。要多给孩子提供机会去参与一些事情的决策，这样会让孩子感觉到自己的价值被认可。孩子会觉得既然大人尊重了自己的意见，他自然也要重视父母的建议，这样，孩子遇事就会愿意与父母沟通。

只要家长方法得当，孩子在各个年龄阶段都会很"听话"，让父母少操心。

● **窒息的爱，让孩子越来越叛逆**

孩子的很多叛逆行为，其实是因为家长给予了他们太多的"爱"，让他们感到窒息，他们只好通过逆反来发泄。有家长问："难道我爱孩子也有错吗？"爱当然没错，但是要爱得"聪明"。

我曾经收到一封母亲给孩子的家书。这位家长痛心疾首、苦口婆心，曾一度让我"心有戚戚"。我把她的信作为我的博客头条，以示声援。然而，"战友们"的回复让我渐渐清醒，炽烈的母爱正在毁掉这个孩子。

下面，我们边读边评。

凯儿：

妈妈走这么久了，哪能不想回来？说真的，我也真是"人在曹营心在汉"啊！好好想想，在我离开你的这些日子里，哪一天少了对你的牵挂？如果你是一个思想丰富并理解母子情深的孩子，从妈妈遥远的叮嘱和唠叨里，应该知道用怎样的行动和结果来免去妈妈的烦恼。但是，你不但没有这样去做到，而且也没有这样想。比起那些同在天下当妈妈的，我有时候真的感到痛楚与无可奈何！

点评：开篇就是爱恨交织，指责孩子——你让妈妈揪心了，你让妈妈悲哀了。比起天下当妈妈的，这位妈妈觉得委屈了；比起天下当孩子的，摊上你这样念叨的妈妈，人家也挺不幸啊。

将来的日子里，我希望你快乐地成长、生活，不因你不正常的行为，让你度过惶恐不安的生活或陷入债务纠纷而不可自拔。别以为这些话有些言过其实，在人生的道路上，每天都有成千上万的人在不经意中被他人诱惑着，并一步步走向这样的境地，以致流离失所、无家可归。而从你目前花钱的去向和交往的层面上看，看不出你能够规避这样的危险。我就只有你这么一个儿子，怎能不忧心啊？像你这十五六岁的年龄，正应该努力，为将来的人生、家庭、事业而努力，而你现在却是在追求刺激、时尚、虚荣和享受。这在孔子的眼里不是君子，而是小人，况且你自己目前还没有任何资本去这样追求。你不惜用父母的血汗钱去满足这样的奢侈与虚荣，这更是一种人格上的耻辱与不孝。

点评：十五六岁的孩子开始追逐时尚，本是一种正常的心理变化。这位妈妈对此有两个反应：一是恐吓，你将来会陷入债务纠纷不可自拔；二是辱骂，你不是君子，而是小人。

　　儿子，你还没有完全长大，缺乏判断能力是很正常的。虽然过去发生的很多事情都因你的判断而给你的学习和行为习惯造成很大的影响，但过去的毕竟都已经过去了，妈妈可以不追究，你一定要总结、反思，这样才能取得更大的进步与收获。大凡取得成功的人，除了勤奋以外，他们与普通人最大的不同，就是善于每天做自己的计划和总结。凯儿，先扪心自问，总结一下造成你今天这种现状的原因，再好好地写出来，贴在你自己的房间里，每天都看看，这样对你有好处。

　　点评：好不容易对孩子"误入歧途"表示了一定的理解，马上拿出"撒手锏"——继续指责。孩子不崩溃才怪！

　　自这个学期以来，在生活习惯方面，你取得了较大的进步，这说明你开始长大了，这让我很高兴，但人的形象不只是在生活习惯和外表的包装上。作为学生，外表的包装一定不能过分与刻意、做作，简洁、干净、得体、自然就是一种美！更重要的还是在于人本身的修养和人格魅力所表现出的气质。人的气质是不可以伪装的。人们常说"眼睛是心灵的窗户"，人的正直与邪恶自然能在你的言谈举止中表现出来。

　　点评：刚刚表扬孩子生活习惯有进步，立马来个"回马枪"——你要是个邪恶的人，怎么打扮都伪装不了。我看这句才是妈妈真正想说的。十五六岁的孩子，犯得着用"正直"和"邪恶"来评价他吗？

　　儿子，听听话吧！在你的眼里，你的同学、朋友、伙伴、网友都没有对你造成不良的影响。你可以小看一个人的力量，小看一时一事的力量，但你不能小看各种言行与观念对你的影响。你更不能小看他们加起来所耗掉的你的时间和精力，以及对你的影响，就更别说跟他们一起所养成的不良消费习惯和金钱本身所带给你的困惑！中国有句古话，叫"近朱者赤，近墨者黑"，接触什么样的人，吸收什么样的东西，这些都将潜移默化、一点一滴地影响你。儿子，千万要醒悟啊！别拿自己的青春和前途跟他们耗！你输了，后悔的是你自己，痛心的是妈妈！

点评：开始打击孩子身边的同龄人——同学、朋友、伙伴、网友无一幸免。家长们要知道：打击孩子的朋友，就是在质疑孩子的交友智商和情感付出。

关于学习，其重要性自然是不言而喻的了。我再急，你不急也起不了作用。高考怎么办？将来怎么办？如果你考不上大学，这是一种对自己的人生和社会都不负责任的表现。将来你必须用一生的代价来对今天这种懒惰的行为和后果负责。社会就是这样，你选择什么样的行为，就要对自己这种行为所产生的后果承担责任，正所谓"种瓜得瓜，种豆得豆"！你已经不小了，将来作为一个男人，不单只是对自己个人的生存负责，还必须承担一个家庭和整个社会的重大责任，自己好好想想吧！将来你有什么资本，有什么本事？

点评：对社会的责任感不是"考大学"这一件事体现出来的，这位妈妈的批评再次升级为责骂——无资本、没本事。

还有，这世上关怀你的人，为你付出过的人很多——外婆、熊老师、张老师、刘老师、吴老师、李老师、彭老师，等等。人活着，一定要懂得感恩，一个不懂得感恩的人就不是一个健全的人，一个不懂得感恩的人最终不会成为一个成功的人。只有懂得感恩，才知道化希望和付出为成果，也才能最终被社会接受。无论我们多么贫穷，也不能没有一颗懂得感恩和回报的心。老师要的回报是成绩；妈妈和所有亲人要的回报是看到你用自己最美好的前途换取终身的幸福；家庭要的回报是承担责任、创造财富和给予幸福；社会要的回报是用你的能力和价值为整个社会创造价值、做出贡献。

点评：妈妈谈及对儿子的关怀，本可以拉近与孩子的距离，但马上转入说教——不懂得感恩的人，就不是健全的人。紧接着提要求——成绩、前途、责任、贡献……如果孩子真是问题重重，一下子提出这么多要求，想改也被这架势吓住了。还是那句话：对于暂时落后的孩子，要求低一点儿，目标近一点儿。

说这么多，妈妈也很疲倦。你也应该好好想想，没有妈妈在身边，自己应该怎样学习与生活？再过几年，自己独立了又该怎样学习与生活？

周末就不要贪玩了！快期末考试了，火星子落脚背了，你还不跳两下吗？应该懂事了，玩是永远没有尽头的！

好好保重身体！

希望你懂事！

妈妈于北京

点评：正常的家书，到了末尾总该温情一下，可这位妈妈还要提"火星子落脚背了""希望你懂事"，这样的用词多么倒胃口啊！

这位妈妈的爱令人窒息。

善解人意是家长的第一素质，更是每一位母亲最强大的攻心术，但这位母亲并没有表现出来。从字里行间我们发现，这位母亲一定是个有知识的人，可惜她智商高，情商低。她面对的是自己的亲生骨肉，一个未成年的孩子，这番气势如虹、义正词严，又是何苦？她把孩子质问得百口莫辩，想达到什么样的教育效果？自始至终，这位母亲把自己和孩子的界限划分得很清楚："你让我痛苦了""你拖累家庭了"，甚至"小人""不孝子"之类的话都有。这位家长忘记了最重要的事——批评的第一步是自我批评，改变孩子的第一步是用心去理解他。

"教训"是这封信一以贯之的情感基调，没有回忆，没有憧憬，没有答案。如果反省，如果回头，等待他的是怎样的前景？似乎除了地狱还是地狱，那么，孩子还有必要痛改前非吗？

类似这位家长这样的状况，其实很常见。看这封信，可谓字字血泪，每一个字都饱含着父母对孩子恨铁不成钢的爱。真是爱恨交织啊，这主要还是因为家长太爱孩子了，但这位家长并没有意识到：自己爱的方式不对，这样的爱越多反而越让孩子感觉压抑，效果并不好。

我在青岛二中教书的时候，有一位年轻的女老师跟我说："王老师，不瞒您说，我一看到咱班里那几个"条子生"，我的心就在发抖，恨不得冲上去扇两耳光。您说我怎么就这么倒霉，碰上这些可怕的学生？"

我劝导她："你还年轻，千万不能这么去看待你的学生。要知道，孩子其实是很敏感的。心有灵犀一点通嘛！你嘴上虽不说，但他们心里明白你讨厌他们，他们就不会喜欢你。这样下去不是恶性循环吗？"

女老师若有所思地点点头，追问："那我该怎么调整自己呢？"

我说："第一步，你得让自己喜欢上这群调皮鬼。你可以这样说，

'你看看，这孩子长得多好看啊'；如果长得不好看，你也可以这样说，'瞧，名字多么好听啊'；万一名字也不好听，你还可以这么说，'这孩子长得多么壮实啊'。过去，你恼羞成怒也是爱，但是爱得没有策略，没有回应，以至于因爱生恨。现在，只要你觉得孩子可爱了，你的一言一行就会变得暖人心了，孩子们一定能感觉得到，再往后的沟通就会顺畅多了。"

女老师忍俊不禁："成，我就试着先爱上这帮孩子！"

教育的大义就是"爱"。对家长和老师来说都是这样。爱，要从理解和认同起步，只有爱得聪明，才能起到好效果。别让"太爱"的甜酒，变成了"非爱"的毒药。

● 冷漠是最可怕的拒绝

有很多案例都可以证明：孩子们比较典型的"逆反"行为，大多是由于他们受到了不公正的对待而产生的。我们知道，在孩子学说话、走路的时候，家长们都有百倍的耐心去教他们，哪怕孩子不明白、不理解，家长也锲而不舍，不教会决不罢休。

在孩子长大以后，他们会有自己的思想，正处于努力摆脱父母以及家庭影响的阶段，特别想证明自己可以主宰命运，不用按父母指定的"路线"去前进，这是成长的一种必然。我们的家长给这样的孩子贴上了"不听话""不可思议"等标签，动不动就使用暴力语言或暴力行为去对待孩子。原来的耐心和细心哪里去了？一个没有经济权和行动权的孩子，在家庭里面都得不到应有的关心，得不到认可，你让他拿什么去面对未来的生活呢？

有一年暑假，河北有个女孩和她的父母一起来找我。进了办公室，女孩坚持让父母走开，要单独跟我谈。我俩一坐下来，女孩就递给我一个信封。我抽出一看，这封信竟然有30多页！

原来，这个女孩读高一那年成绩就很优秀，后来遇到一个男孩，两人就好上了。相处一段时间后，女孩发现男孩的毛病很多，就不想跟他继续交往了。男孩就对她恶语中伤、到处造谣，同学们议论纷纷。女孩始终处在是是非非的议论里，有苦说不出，越来越孤独。此时，另一个男孩来到她的身旁，女孩就像抓到一根救命稻草一样，可先前的男孩竟然告诉这后来的男孩，说女孩作风有问题。于是，第二个男孩也离开了。

高二以后，女孩的学习成绩一落千丈。女孩哭着跟我说："我也想学习，但一想到那些事，就没办法安心。现在，我终于下定决心，要离开原来的学校，到您这里学习。只要您在我身边，我就可以做得很好。王老师，您能保护我吗？这些经历我只敢对您一个人讲。现在说出来，我觉得舒服多了。"

我问她："你没有对父母讲过吗？"

她摇摇头说："没有。有一天，我刚说有一个男孩喜欢我，就被他们劈头盖脸揍了一顿。以后，我再也不敢开口了。"

我看女孩哭得差不多了，就安慰她："你来我这里学习没问题。把你的爸妈叫进来，我跟他们聊一会儿吧！"

我问这对夫妇："你们知道孩子高中3年过得愉快吗？你们了解她都在想些什么吗？"

妈妈说："这孩子高中3年成天愁眉苦脸的，也不知道她都胡思乱想些什么，净那些事儿。"

我问："什么事？"

妈妈回答:"我们也不知道啊。有时看她哭哭啼啼的,我问她她也不说。"

我生气地说:"你们怎么问的?是不是有一次她刚说了个头儿,你们就揍了她一顿?"

爸爸不好意思地说:"是呀。我一听,小小年纪就男男女女的,不好好学习,什么乱七八糟的!皮带就上来了。"

我继续说:"你们太糊涂!孩子整整3年都不开心,你们就不问一句'为什么'?就不找找自己身上的问题?你们知道吗,你们这是要把孩子逼上绝路啊!"

一个十几岁的女孩子,在感情的漩涡中难以自拔,只有父母可以帮助她,可偏偏父母什么都不知道。他们不仅无知,而且冷漠。他们火上浇油,在伤口上撒盐,甚至拳脚相加。这个时候,孩子最容易出现逆反。

许多家长为自己的过失申辩:"我也是为了孩子好啊!我是爱之深,恨之切啊!"但是,我要说:"**爱孩子是一只母鸡都会做的事情。家长们不必因为孩子不理解,就觉得自己多么委屈,关键在于'会不会爱'。**"有的孩子在高中谈了三四个朋友,家长一无所知;有的孩子打架,成天泡网吧,家长闻所未闻。这些家长每天都干什么呢?一经调查,他们几乎无一例外,都莫名其妙地严厉;有些是冷暴力,一看到孩子就把脸拉得老长;有些是热暴力,一点儿不对就拳打脚踢。有些亲子关系破裂的程度,让我都开始产生怀疑——那个十来岁的孩子还是不是他们亲生的?

现在,有不少人批判"溺爱"。其实,"溺爱"和"严厉"只有一线之隔。家长不懂得爱的技巧,孩子得不到家庭的温暖,就会转向社会去寻找情感安慰。这样下去，什么问题都可能发生。可见，最可怕的拒绝是冷漠。

● 用爱融化孩子内心的坚冰

方先生跟许多家长一样，工作很忙。儿子刚升入高中那段时间，正是他最忙的时候。有一次，他晚上回家比较早，到书房看到儿子摆在书桌上的周记，一看到字迹潦草、错字连篇，火气就上来了。"这是儿子的老毛病了，不知说过他多少次，这小子答应得挺好，可就是不改，现在都上高中了，再这么下去怎么行？"他暗自思虑，决定利用这个机会好好跟儿子谈谈。

吃过晚饭，方先生把儿子叫到书房，像以前那样摆开架势，开始对儿子说教："看你写的字我就知道你学习态度不端正，看你不端正的学习态度就知道你的学习成绩好不到哪儿去。你基础差点儿不要紧，但要认认真真、踏踏实实。做什么事情都要这样，知道吗？"

儿子争论道："知道。从小学到现在，你跟我说过N遍了！但是，我知道不等于就一定要做到，这要看什么事情，是不是有意义。这无聊的作业，我认真做了又会怎么样？"

这小子还顶上了，这是方先生想不到的。以前做不到归做不到，可儿子从来没这么顶撞过，看来他也到"逆反"的年纪了啊！

话没法谈下去了，方先生稳定一下情绪，暂停在这里。儿子见老爸好久不搭理他，反倒过来凑近乎。他对方先生说："老爸，你最近忙得连话都很少跟我说了。"

听儿子这么一说，方先生这才猛然醒悟，自己做一行做久了，从当初的满怀激情、认真负责、踏踏实实到现在养成了"老油条"

似的工作习惯，造成很多规范化的流程都没落实到位。虽然不影响大局，但临到规范检查时，才发觉自己丢掉了最为重要的东西。

既然说到这里，方先生顺势把自己工作的实际情况告知儿子，并向他检讨自己工作上的不足，让儿子记住自己的教训。

方先生深有感触地对儿子说："看来今后做什么事都要始终如一、脚踏实地，这样才经得起时间的考验。记得有句话说得好，'**简单的事情认真做，认真做的事情要反复做，反复做的事情要创造性地做**'，那样才会越做越有活力。"

果然，儿子见老爸这态度，很受感动。方先生没提儿子作业的事儿，儿子却主动做了检讨，并保证尽快改变这种状况。从此，儿子果然像变了个人似的，因为改掉了学习不认真的毛病，高一结束时，他的学习成绩已经提升到全班前五名。

"不听老人言，吃亏在眼前。因为我是家长，所以你就得听我的；因为你不听我的，所以你就不是好孩子"，很多家长都是按这样的逻辑思维来要求孩子。但是，青春期的孩子正处在不愿意受管制的年龄，一听这种话就更不想听话了。为什么方先生能做到让儿子如此"听话"呢？因为方先生尊重儿子，而且能够自我检讨，以平等的方式跟儿子交流。儿子角色转变了，以前是被指责的对象，现在是参照别人的失误主动进行自我反省的倾听者，这样当然会产生不同的效果。

青春期的孩子出现逆反是很正常的，家长不要把它看得太严重。家长要找对处理办法，用爱融化孩子心里的坚冰。逆反期只是一个过渡阶段，很快就会过去。

## 追求完美最不美

封建思想在家长心目中存在两大残留：一是太把孩子当回事儿，要求孩子样样优；二是太把自己当回事儿，正襟危坐，神圣不可侵犯，摆出一副"威严"的架势。家长越是这样，孩子越不买你的账。要求孩子样样都优秀的家长，苛责地要求孩子，打压他们的天性和爱好，最终把孩子逼向反抗的道路。

在很多家长心中，这些思想根深蒂固，成为阻碍家庭教育的两座"大山"。

● **不要太把自己当回事儿**

要想实现英才教育，首先就要推翻这两座"大山"，但是，应该怎么推翻呢？最重要的就是改变观念，不要太把自己当回事儿。

我班里有位学生的父亲是大学校长，他常常摆出一副校长的架势来批评自己的孩子。尽管这位父亲的话很有水平，极富哲理，但孩子还是和他对立，父子关系非常紧张。

有一次，父子俩又因为一点儿小事吵得不可开交。无奈之下，这位父亲打电话向我诉苦："我身为大学校长，对自己的孩子的管教却无能为力，感觉很失败。"

我说："忘掉你的校长身份吧，干吗事事和孩子较真儿呢？你的成就和名誉让孩子总是觉得遥不可及；相反，你越是在孩子面前示弱、谦虚，你在孩子心目中的形象就会越高大，就越容易赢得他的尊重。"

这位父亲顿然醒悟："是呀，有时我和孩子一起讨论学习问题，他明明听懂了，还要鸡蛋里挑骨头，想方设法驳倒我，最后一言不合就吵起来。"

我笑着说："孩子敢跟你叫板，他的内心一定潜藏着一种力量。作为大学校长，你有很强的管理能力，这对孩子来说本来是一笔财富，但由于你们彼此对立，孩子不但没有从你这里得到启发，还因此受到伤害。"

这位父亲很受触动，他说："我一直以为孩子缺乏管教，就不断地提醒他、指导他。现在看来，恰恰是我的强势让孩子感受到挫折，促成了他的逆反心理。"

此后，这位父亲降低了自己的姿态，鼓励孩子多说，自己多听，父子关系明显改善，孩子的学习成绩大幅度提升。

我接触过不少问题家长，其中不乏政府高官、企业高管、业务骨干。他们的优秀已经给孩子带来了无形的压力。他们再把单位里唯我独尊、发号施令的劲头带回家，这对孩子来说就更是一种灾难。

● **拒绝攀比，珍惜不完美**

在某家保险公司贵宾沙龙里，一位初三女孩的妈妈叙说着自己的烦恼："女儿懂事，活泼开朗，多才多艺，人缘好，担任学生会干部，可就是学习成绩一般。"女孩的妈妈认为女儿之所以成绩平平，主要是因为她的学习没有计划性。从交流中得知，女孩的妈妈是银行职员，各方面都非常出色。虽然工作很忙，但她一直以来都在极力帮助女儿养成好的学习习惯，诸如：为女儿制订学习计划，有空就陪着女儿参加课外辅导班，每天坐在孩子身旁督促学习，等等。然而，结果并不令她满意。马上就要中考了，在看了我的育才方案后，女孩的妈妈迫切地希望我能够帮助她的女儿。

这位母亲多年来为女儿的成长付出的辛苦是值得肯定的，我也理解她希望女儿更优秀的愿望。她如此辛苦地为女儿做了这么多事情，但女儿并不领情，学习成绩也没多大提高。这位妈妈觉得所做的一切都是为了孩子好，而且还会担心："如果我不这样做，孩子成绩会更糟糕。"当谈及培养孩子的学习习惯时，我问这位妈妈："您是一直包办代替，还是鼓励女儿逐渐养成有计划的好习惯？"答案是"一直包办"，因为这位妈妈认为："如果父母不参与，孩子就没有自觉性，成绩会下降得更厉害。"

从女孩的妈妈的描述中我们可以得知，孩子各方面都很出色，只是学习上令家长不满意。女孩的妈妈一方面对女儿评价很高，另一方面又为女儿担忧，于是紧紧地抓住女儿做得不好的地方，不断地指责、批评女儿，督促女儿改变。这位妈妈的矛盾心态很容易让孩子产生困扰，也容易引起孩子的逆反心理。

家长培养了一个依赖家长的孩子，学习、生活都有家长操心，孩子当然不需要自己做计划了。一个人在不情愿的情况下，被迫去做一些事情，肯定不会有好的效果。工作中，如果上司每天盯着员工做事情，员工的感觉会如何？

听我说完，女孩的妈妈若有所思地说："或许我错了，从来没有站在孩子角度考虑问题，没有顾及孩子的感受。"

其实，父母的养育行为并没有截然的对错之分，比如帮助孩子制订学习计划、督促孩子写作业等，在孩子成长的某个阶段，那是父母必须做的，但孩子也在成长，如果一直沿袭某一种教育方式，效果自然不好。父母一厢情愿给予的，并不是孩子需要的，因此冲突自然就出现了。

这样的例子太多了！有些家长自己很优秀，同时也有好面子的心理在作怪，生怕孩子的学习成绩不是最优秀的，让自己在亲戚、朋友前丢面子，因而很容易会对孩子的某些缺点无限放大，徒增自己的焦虑和烦恼。我觉得案例中真正需要帮助的是这位妈妈。家长只有先调整自己的心态，对孩子不必要的焦虑减轻了，也就不会到处找方法帮助孩子了。我们也有理由相信：这个女孩完全有能力安排好自己的学习。

家长朋友们，学会包容你的孩子吧！残臂的维纳斯雕像，不失其美。凡事都追求完美，不现实，也太累。人生还有别样的风景！

● **别让不切实际的期望压垮孩子**

在孩子成长过程中，家长合理的期望和目标是孩子成长的助推器。然而，好多家长对自己的孩子往往抱有不切实际的期待，甚至希望孩子的一切都是最好的。这种想法对孩子的成长不仅起不到推动作用，反而会阻碍孩子的正常成长，扭曲孩子的天性，甚至可能会造成灾难性的影响。

越优秀的家长，往往对孩子有更高的要求。他们觉得：以自己的身份、地位，孩子如果没什么出息会毁了自己的一世英名。于是，他们对孩子的要求愈发苛刻，却很少考虑孩子的自身条件以及愿望、兴趣等，最终强化矛盾，引发冲突。这样做，不仅伤害了孩子，家长的愿望也难以实现。我的朋友黄先生就是这样一个典型例子。

黄先生是一家大型企业的总经理，为了让孩子成才，他不惜重金，幼儿园、小学、中学都选当地最好的，特别是在孩子上了中学后，他请遍名师，想尽办法，只要能让孩子提高分数，他便不惜任何代价。

不仅如此，儿子在生活、学习等方方面面，他都考虑得细致入微，从头到脚一律包办，让孩子有更多的学习时间。可令他失望的是，孩子总不争气，成绩不长进，并且又是玩动漫又是打篮球。以前儿子还算听话，现在高二了，爸爸管束严了，父子之间矛盾就更多了。他很苦恼——孩子为什么老是不长进？为什么不理解老爸的苦心？

像黄先生这样有类似想法的家长不在少数，他们往往只根据自己的主观愿望对孩子提出期望和要求，在这些不切实际的高期待下，孩子心理压力往往很大。学习成绩好点儿的孩子，父母要求他们做常胜将军，所以孩子怕被别人超过，丝毫不敢松懈。这种情况下，孩子容易紧张、焦虑，产生逆反心理。成绩差点儿的孩子总觉得自己不如别人，拼命想追却又追不上，心里痛苦不堪。在这种情况下，孩子容易产生自卑、自责心理，成绩往往不升反降，家长的努力也会适得其反。

"望子成龙，望女成凤"是父母们共同的心愿，但孩子是独立的个体，不是家长的附属品，家长不能把个人的意志强加到孩子头上。

首先，家长要真正了解、认识自家的孩子。家长要根据孩子现有条件实事求是地提出合理的期待，对孩子的学习和目标进行合理规划，因为每个人的素质有差异，所能达到的目标也不一样，家长绝不能盲目攀比，更不能拔苗助长。

其次，家长要了解孩子的兴趣和特长，尊重孩子的选择，在此基础上对孩子的学习、生活和未来做出合理的规划。只有这样确立的目标和提出的要求才是有效的，才能真正地对孩子的成长起到激励和促进作用。

# 老王独家：英才家长的教养故事

● 故事1：有理不在声高——与孩子沟通的技巧（家长：白洁）

那一年女儿4岁，特别娇气，动不动就哭，还有一次夹着包袱离家出走。那天晚上，我们把她找回来了，孩子大哭大闹。

我暗下决心，这次不再纵容她，于是对她爸爸说："让她哭，看她能哭多久。"

女儿是个鬼灵精，一听我这么说，哭声更大了，似乎要把我的冷酷无情向全世界宣告。

她爸爸忍不住了，对我说："别人还以为我们在虐待小孩呢。算了吧，我去劝劝。"

我咬咬牙，说："放心，她哭累了自然就不哭了。"

接着，我把站在过道上号啕大哭的女儿拽到了沙发边，说："别妨碍我们走路，你在这儿慢慢哭啊。"

过了不久，女儿的哭声明显低了下来。她爸爸拿了一条热毛巾，将她抱到沙发上对她说："擦擦吧，看你又是鼻涕又是眼泪的。有什么委屈啊？哭得这么伤心！"女儿擦了擦脸，仍在抽泣。

是时候给女儿找个台阶下了。我收起冷冰冰的脸，蹲在女儿面前，摸着她的小脸蛋说："是不是好累？"

女儿喘着气点点头。

"那你干吗要哭？"我追问。

"爸爸不给我买跳跳糖。"女儿回答道。

"为什么不给你买？"我继续追问。

"他忘了。"女儿补充道。

"那你今天提醒他了吗？"我接着问。

"没有。"女儿如实回答。

她爸爸赶紧跑过来，抱起了孩子，说："爸爸该打，我真是忘得没影了。明天一定给你买。"

我说："是啊，哭能解决问题吗？你的要求爸爸妈妈不一定都能满足，但是不说出来，你就永远得不到。跳跳糖尝一下就可以了，小朋友吃多了那东西，喉咙会疼的。"

从此以后，女儿显示出善解人意的一面，既不骄纵，也不怯弱。如今，当谈起童年的那场"苦肉计"时，她咯咯直笑："老妈，你真够狠心的呀！"

● **故事2：第一夜住校——独立人生的开始（家长：肖卫群）**

"儿子，以后你就住校吧！"肖盾去人大附中报到的第一天，我就把这个问题提了出来。本以为孩子会依依不舍、扭扭捏捏，谁知他竟然坚决拥护，跟我说道："太好啦，爸爸，我非常愿意！"也是，从家里赶到学校，每天要起个大早。如果住校，他就可以把早晨赶路的时间用来多睡一会儿。再说，孩子也开始进入青春期了，和几个同龄的孩子每天一起起床、上课、吃饭、写作业、睡觉，对他来说也是一种新鲜而有趣的体验。

在搬进宿舍的第一夜，肖盾就发觉自己把住校想得太美好了。原来，虽然一个宿舍安排了8名同学，但做家长的都心疼孩子，谁愿意在报到第一天就把孩子搁在宿舍里？下午一放学，肖盾同宿舍的室友都先后被父母领回家了，只剩下肖盾一个人孤零零地待在宿舍。

虽然我硬着心肠在开学第一天就把肖盾留在了宿舍，但他妈妈还是有点儿放心不下，毕竟他只有12岁。到了晚上8点多，我和他妈妈又傻乎乎地驾车赶到了人大附中。

只见一栋宿舍楼只有稀稀拉拉几个窗口透出灯光，肖盾住的那间宿舍居然一片黑暗。我们走在漆黑一片的楼道中，隐约感到一丝紧张。肖盾到哪儿去了？

突然，一个黑影蹿了出来，一把抱住我，并说道："你们终于来啦！我饿坏了！"

我心疼地抚摸着儿子的脑袋，似乎想弥补对孩子的亏欠。我们3人一起下了楼，却发现学生食堂早已关门，倒是孩子急中生智："爸爸，实在不行我就吃包方便面。"好不容易，我们在一家还没关门的小商店里买到了两包方便面。我们坐在孩子的宿舍里，看他狼吞虎咽地把方便面吃完。时间过得很快，我们还得回家，于是我跟肖盾说："爸爸妈妈要回家了。"我们谁都没有提出把肖盾带回家。肖盾坚强地点点头，对我们说："爸爸妈妈再见！我周末就回家了。"

胆量是练出来的，人在面临"第一次"的时候，总会感到惊恐和彷徨，但只有不断地突破"第一次"，孩子才可能进步。那一晚，肖盾没有当逃兵，他真的长大了。

● 故事3：算账学数学——在日常生活中培养孩子的学习兴趣（家长：赵学征）

那是很多年前了，女儿7岁。有一次，我带她到农贸市场买菜，看到一个小姑娘在路边摆摊。我们一问才知道，她和女儿同年，还没有上学，爸爸妈妈出门了，她帮忙看着摊位。我感到好奇——这么小的孩子，又没读过书，怎么卖菜？于是，我试着问："帮我称3根茄子，行吗？"她高兴地点点头。

只见她熟练地把我挑好的茄子放进秤盘，迅速地拨弄着秤砣，仰起她的小脸告诉我："叔叔，3根茄子一斤二两，一斤茄子8毛，一共是9毛6分钱。"

我掏出一元钱递给她，她翻出几个硬币，交给我说："收您一元，找您4分。"

女儿在一旁看得入了神。我不禁感叹："这要是读了书，一定了不得！"

女儿睁着大眼睛，不服气地对我说："爸爸，我也会，您教我！"

从那以后，女儿对数学表现出强烈的兴趣。每次我买菜回家，就会把女儿叫进厨房然后对她说："帮爸爸算一算，这些菜一共花了多少钱？"

女儿也兴致勃勃地过来一个劲地问："爸爸，猪肉多少钱一斤？你买了几斤？鱼呢？"很多时候，我并不按照菜价告诉女儿，而是悄悄地增加计算难度。到餐馆吃饭，我也非常郑重地把账单交给女儿，对她说："来来，帮忙算算，这账有没有问题？"女儿也尽职尽责，马上扔了碗筷，一笔一笔地累加。

慢慢地，日常的心算对女儿已经没有任何挑战性了。我们又买来了《趣味数学》和一块小黑板。我在水池前洗菜，她在黑板旁念题，我们开心地讨论书上的趣题，她时不时地在黑板上演算一下。

女儿在5年级的时候，获得了全市小学生数学奥林匹克竞赛一等奖。家长们向我取经，我笑着说："我们的早期教育是从厨房开始的。"

● **故事4：背诵比赛——用游戏培养孩子主动学习的习惯（家长：冯庆国）**

冯翔刚上小学的时候，老师布置了背诵课文的家庭作业。可是，当晚正好停电，天气很热，屋子里既没有电灯，又没有风扇。邻居家的孩子郝挺是冯翔的同班同学，他来到我们家，向冯翔建议："黑灯瞎火的怎么背书？不如跟老师解释一下，明天再补吧。"

我一听，马上说："这样不行，老师布置的作业一定要按时完成。"说完后，我摸黑买来蜡烛，楼道里立刻摇曳着温柔的烛光。

因为停电，人们纷纷走到户外。整个楼道特别宁静，而且通风凉爽。我跟孩子们说："不如我陪你们一起背课文吧？咱们来个背书比赛！"孩子们一齐说："好哇！"

那天背诵的内容是《海底世界》。

我们一起朗读第一遍。我告诉孩子们："首先要让自己'身临其境'，想象你是文中的一个角色。你是懒散的海星，他是神秘的海蜇，你们都在黑暗的深海里漫步……"果真，孩子们被海底世界的奇景所吸引，注意力很快集中了。

接着朗读第二遍。我要孩子们注意段与段之间、句与句之间的联系和顺序。这篇课文从海底的声音入手，然后是海底的活动，这些讲的都是海底动物。然后，又写了海底的植物，最小的是什么，最大的是什么。记住了这条脉络，整篇课文的框架就牢牢印在脑海里了。

第三遍，我不再带着孩子们读了。我让他们先认真地看一遍课文，而后以较快的速度在心中默念、默背。这一次，他们是真正一字一句地去记忆这篇美文了。我给他们留了较长的时间，不停地在一旁帮助和鼓励他们。

第四遍，我让孩子们合上课本，试着背诵。他们都不信这么快就要开始背了。事实上，尽管磕磕巴巴，但冯翔每个点都背到了，郝挺的表现也不差。

第五遍，我让孩子们大声朗读、快速背诵。两个小家伙兴奋得不得了，楼道里充满了琅琅的读书声。

最后，我问："准备好了吗？"

"准备好啦！"他俩齐声道。

"好，背书比赛开始！"我发出了口令，"冯翔你先来！"

"你可知道，海底世界是什么样的吗？当海面上波涛汹涌的时候，海底依然是宁静的……"冯翔开始背诵着。

……

最后，我宣布比赛结果是："郝挺获得今天背诵比赛的最佳速度奖！冯翔获得最佳表现奖！"

比赛刚过去，楼道里就来电了。两个孩子完成了老师交代的任务，一身轻松，对着明亮的电灯"噢噢"直叫。我一看表，前后40分钟，效率还挺高。从那以后，我家孩子再没对背诵心生恐惧。他说："您教的这个方法，让背诵变成了既简单又有意思的事。"所以，学习难不难，关键就看方法和养成怎样的学习习惯。

- **故事5：沉默也是一种支持——鼓励孩子勇敢地面对挫折（家长：李春成）**

李峥以优异的中考成绩考入了人大附中，随后又经过十多天的考核筛选，他被分到第一实验班——高一（12）班。接下来的学习情况却不容乐观，一向在学校名列前茅的他，落到了全班后几名，就连自己的强项——数学也没及格。单纯快乐的孩子一下子变得沉默寡言、心事重重。我也迷茫了，不停地问自己："难道我们要求太高，不该让孩子读重点班？"

第一次家长会，王老师坚定地告诉家长们："我相信我们全班的同学在学习上都没有任何问题。有些同学只不过是暂时没有适应新的学习环境，找到适合自己的学习方法。我们的重点是营造良好的班风，让孩子们懂得怎样做人，最终成为国家的栋梁。"

我回家之后，李峥忐忑不安地问我："爸爸，老师有没有在班上提起我？跟您谈话了吗？"

我知道，孩子太需要关注和鼓励了，于是我说："老师表扬你了，说你学习勤奋、乐于助人，以后一定会取得更大的进步。"

李峥问："老师真是这么说的？他有没有告诉您，我在班里排名很靠后？"

我回答："老师说那只是暂时的，没有关系。你在帮助别人的时候，也要多向大家请教，这样就能很快追上来。"

"哦。"孩子若有所思地点点头。

那天晚上，李峥一个人抱着书，用功到11点。从那以后，我们再也不询问他的成绩。说实话，我们心里也很急，但不能让孩子知道。李峥已经很尽力了，如果考得好，他会主动报捷；要是考得不好，他也会仔细分析，以后找机会跟我们说。实在不行，我宁愿去找老师了解情况，也不直接问他。再后来，这孩子当上了团支书，对自己要求更加严格，性情也越发开朗起来。

孩子16岁生日那天，王老师送给李峥一首小诗——《李家男儿初长成》。这首诗充满无限温暖，鼓舞了孩子的斗志。

> 长城脚下枫叶红，
>
> 庆贺人间出精灵。
>
> 十六年的风霜路，
>
> 李家男儿初长成。
>
> 人生有缘来相逢，
>
> 携手同行路更平。
>
> 犯至难，图至远，
>
> 一年一岁艳阳红。

到了高二，李峥的学习成绩不断地提高，由最初的班级最后几名前进到前几名。

孩子学习成绩出现波动，家长往往比孩子还紧张，但这种情绪绝不能外露，否则，不仅于事无补，还可能添乱。所以，沉默也是一种支持。孩子的压力已经很大了，家长的焦虑还是自己扛住比较好。

● 故事6：顶牛不能证明自己——教孩子学会宽容（家长：夏季的爸爸）

那时夏季读小学3年级，有一天她眼泪汪汪地回到家，噘着嘴，放下书包，一声不吭。

"怎么啦？"她妈妈问。

孩子哇的一声哭出来："老师不公平！她冤枉我！"

老师不公平？难道孩子跟老师闹矛盾了？

原来，上美术课的时候，课堂纪律很不好，只听噗的一声，讲台旁边的墙上甩出了一串五颜六色的颜料水。老师转身一看，发现夏季躲在桌子角咯咯地笑个不停，颜料盒里的水也所剩无几。老师就问："谁甩的？"

学生们都不作声。老师指着夏季："是你？"

夏季不笑了，眼睛直直地看着老师。

老师命令夏季："用你的衣服把它擦掉！"

夏季更觉得委屈了，一动不动，还不停地盯着老师。

老师感觉到自己的权威受到挑战，便大声喝道："起来！给我罚站！"

夏季更倔了，争辩道："不是我甩的，我不站！"

其后，不管老师拍桌子、怒吼、跺脚，夏季就是不动。她一直坐着，跟老师"对峙"到下课。

我问夏季："你知道是谁甩的吗？"

她回答："是我同桌。"

我追问："那你为什么不告诉老师？"

"我不想出卖同学。"她回答，语气很坚定。

我叹了口气，原来如此。

我又问："你觉得老师错了？"

她点头。

我继续问："错在哪里？是不是老师不能批评学生？"

她想了想，说："课堂纪律很不好，老师应该批评。"

我再追问："老师到底错在哪里？"

"我没甩颜料水，她不该叫我擦，再说我的衣服又不是抹布！"

我接着问："课堂上这么吵，老师会不会高兴？"

"不会高兴。"她回答。

我解释道："老师也是人，不高兴的时候难免冲动。你上次睡过头没看成动画片，不是也跟爸爸妈妈大吼大叫吗？我们也没有像你今天这样啊！"一句话说得孩子破涕为笑。

我最后提议："等过段时间平静了，你再跟老师把那天的事情讲清楚好不好？"

孩子点点头。

没过几天，夏季告诉我们，她和美术老师和好了，具体细节保密。看着孩子调皮的笑容，我知道她终于学会了宽容。

的确，老师盛怒之下的行为一定伤害到了孩子。我从心底欣赏孩子的仗义、维护尊严的态度，但是我不能明确表示对她的支持。她还那么小，不能让她就此轻视、敌视老师。所以，我引导孩子设身处地地为老师着想，学着宽容。能够原谅别人的孩子更快乐、更自信。

● 故事7：男子汉靠拼不靠打——教孩子找到自信（家长：侯志辉）

侯晓迪的童年是在部队大院里度过的，他是个标准的"山里娃"。初到中关村一小，我向一直埋头写字的老师介绍："侯晓迪这孩子不笨，学习成绩挺好的，在延庆小学一直名列前茅，数学竞赛还得过奖……"可那位老师头也不抬，淡淡地说了句："转学生在我们这里都是垫底的。"一句话把我噎得说不出话来，兴高采烈的晓迪也低下了头。

侯晓迪是个争强好胜的孩子，过去在延庆小学也算是佼佼者，可在中关村一小，优越感一下子全没了。同学们总在有意无意地嘲笑他，说他是山里来的"土八路"。

一天傍晚，侯晓迪收拾完课桌，准备回家。一个男生故意踩了一下他的脚。侯晓迪看了看鞋面上的鞋印，瞪了那孩子一眼。没想到，那个男生又蹿过去拿起他的铅笔盒一阵乱翻。晓迪伸手去抢，啪的一声，铅笔盒掉在地上，文具撒了一地。刚收好铅笔盒，那孩子又把侯晓迪的书包背在了自己身上。侯晓迪顿时火冒三丈，狠狠朝对方胸口打了一拳，两个人一下子就扭打在了一起。侯晓迪凭着在部队大院练出来的一双铁拳，怀着满腔怒火，三下五除二，就把对方打倒在地。

这次，我没有责怪侯晓迪。我若无其事地问他："打架对你来说有帮助吗？"

"有！"孩子竟然这样回答。

"打架还有好处？我倒要听听。"我故意把音量提高。

"现在他们再也不敢欺负我了，连那些平时流里流气的孩子，也不敢轻易来'找碴儿'了。"他解释道。

"先前有人欺负你？"我追问。

"他们说我是'土八路'。"他回答。

"一定要靠打架解决吗?"我开导地问道。

他说:"他们瞧不起我,让我很没自信。"

我终于明白儿子为什么要跟别人打架了,突然感到一阵难过和自责。我说:"一个人是否自信,是自己决定的,而不是别人替你决定的。别人说你坏话,你把别人打一顿,就能让人家服气了吗?恐怕是口服心不服吧!"

他问道:"您说怎么让大家尊重我?怎么找到自信?"

我摸着孩子的头说:"自信不是凭空而来的,要有知识做底气。如果你学习、活动样样都好,自然会感到自信。再说,也不用跟别人比,要和自己比。看到自己每天都在进步,不是很好吗?人和人的交往是需要磨合的,你刚来这所学校,大家对你还不了解。时间一长,大家看到你的优点,自然愿意和你做朋友,你就会赢得尊重,获得自信了呀!"

很快,侯晓迪就融入了新集体,并找到了温暖和自信。

● 故事8:妈妈也要知错就改——用尊重化解孩子的逆反情绪(家长:许莉娅)

儿子任远的第一次"逆反事件"发生在小学6年级,当时他的班主任曹老师生病住院,作为班长的他管理着班级的事务。在曹老师出院前夕,任远组织了几项活动:一是动员全班同学自愿捐一点儿钱,给老师买营养品;二是每人给曹老师写一封慰问信;三是用统一规格的纸画一幅画,表达对老师的感情,然后他们将这些画粘连起来,挂在教室里,欢迎老师归来。

晚饭后,任远一边给曹老师写慰问信,一边兴奋地向我宣布他的"计划"。我试探性地问:"可不可以让我看看你写给老师的信?""不行!"任远的口气坚定,不容商量。说完,他把信封放在一边,开始画画。一股强烈的好奇心驱使着我,我趁孩子全神贯注地画画期间,悄悄地把信拿了,在桌子下面操作——打开、取信、读信、装信,再悄悄地将信封放回原处。

我把手收回的一刹那,任远抬头看到了。他立刻问道:"你为什么偷看我的信?我都说不行了,你为什么还要看?你不尊重我,你没有权利偷看我的隐私!"他边说边哭着从他的书柜上找出《未成年人保护法》,很熟练地翻到相关的页面。

看着儿子伤心地哭诉,我自知理亏,也无限委屈。我连忙走上前,擦干孩子的眼泪说:"对不起,儿子。是妈妈不对,妈妈不该看你的信,妈妈没有尊重你。"

孩子一听,瞪大了眼睛,问:"妈妈,你真的觉得自己错了?"

"当然了。不过,妈妈只是想分享你的快乐,而不是要窥探你的隐私。以后,你还愿意和妈妈讲你们学校里的故事吗?妈妈好喜欢听你讲学校里的事。"我耐心地向他解释。

儿子非常懂事地说:"妈妈,我不给您看,也不是有什么秘密,我想为老师保存那份惊喜。"

我难过地点点头说:"妈妈知道错了。"

在这次风波之后,我明白了一个道理:逆反的情绪是不受年龄限制的,孩子的逆反往往是因为家长没有对孩子报以足够的尊重。我庆幸当年自己坦诚地向孩子认了错,在我尊重他的同时也赢得了他的理解。

多年以后,我听到儿子这样劝说他的朋友:"我们和父母当然会有代沟，可这终究是一份剪不断的亲情。谁让我们是晚辈呢？多一份顺从总没错。"我的双眼再次模糊。

**老王点评：**

沟通是每一位家长都应该掌握的基本功。沟通不好，再完美的设计都是纸上谈兵。纵观这些作品，最令我感动的是这篇《顶牛不能证明自己——教孩子学会宽容》。家长要理解孩子，体谅老师，坚持原则，懂得变通，这样才有可能化解会给孩子造成一生阴影的危机。

英才家长们自己诉说的这8个故事，虽然都是些小事，但这些聪明的家长"点石成金"，它们成了一个个培育英才的良机。我建议：各位家长各取所需，试试这些沟通妙招，让曾经在别的家庭创造过奇迹的方法为您所用，为您家的英才培养之路点亮一盏明灯。

# 04 | 父母眼中没有差生

- 减压法，帮孩子减少成长的阻力
- 加压法，让约束力差的孩子更自觉
- 遇到问题，尽早解决
- 老王独家：怎样造就孩子的"阳光心态"

不管是中学生还是大学生，他们中间都流传着一个"别人家孩子"的笑话。不知道家长们是否知道这个笑话？这个笑话是说：从小到大，每个孩子都会被拿来跟别人家的孩子相比，不管学习成绩好还是不好，各方面能力强还是不强，考上的学校出名还是不出名，他们永远会被"别人家的孩子"比下去。家长们总是喜欢拿"别人家的孩子"来打击自己家的孩子。请家长们扪心自问：在孩子的成长过程中，自己是不是也干过这种打击孩子的事呢？在这里，我最希望家长们纠正的观念就是：父母眼中不应该有差生；你对孩子有信心，孩子才有信心成为英才；你如果对孩子没信心，最起码也不应该打击孩子的信心。

> 父母眼中不应该有差生。

### 老王英才教育箴言

- 没有哪个孩子是甘于平庸的，他之所以现在不积极努力，不是因为他天生没有理想，而是因为在他曾经为了理想努力奋斗的时候、取得小成绩的时候没有得到家长或老师的肯定。
- 当你怀着一颗赤诚之心去为你的孩子服务的时候，当你怀着一颗关爱之心去帮助你的孩子的时候，我相信你的孩子会把对你的感激永远珍藏在心中。这才是帮助孩子进步的最大动力。
- 目标低，好追赶，孩子就容易产生成就感。
- 通过给孩子加压的方式来排解自己的压力，这是家长多么不负责任的表现啊！

## 减压法，帮孩子减少成长的阻力

在我看来，很多家长都是一叶障目，只看见孩子目前成绩不好，现在是"差生"，却看不见造成这一现象的原因。前面我也反复讲到了，现在的孩子们压力很大，除了学习本身的问题外，来自家长的、家庭的、社会的种种压力，都可能让孩子变成"差生"。

所以，我想劝劝家长们，别着急让"差生"一步变好，而应该先想办法给孩子减压。打仗尚且要轻装上阵，学习的过程中少了压力，孩子成为英才的阻力不就少很多了吗？

● **用夸奖的办法为孩子点亮一盏希望之灯**

有个初中学生的家长来咨询，他觉得自己的孩子学习成绩不好，担心这样下去孩子会一直走下坡路，到最后影响中考，所以他想给孩子做一对一的辅导，把各科成绩都提高一下，可是孩子就是不同意，家长说这孩子没有上进心，就知道玩，希望我能帮他说服孩子。

我问："他为什么不想学呢？"

这个家长说："不知道，就是没上进心呗。"

我接着说："不思进取也是分好几种情况的，是有什么诱惑分了他的心，还是跟不上老师的进度，还是其他什么。你连孩子的问题出在哪儿都弄不清楚，就开始责备他，孩子心里能不委屈吗？"

这位家长让我说得脸红一阵白一阵。我看他已有悔改的意思，决定帮他跟孩子谈谈。

我先看了看孩子的各科试卷，家长果然没有说错，孩子的学习成绩确实不好，不仅是偏科的问题，基础也比较薄弱。为什么这样的孩子特别不愿意接受辅导呢？我把孩子叫到一边，问了问他的学习情况，他也承认自己学得不好，于是我问："既然你自己也觉得学习成绩不太好，那你为什么不参加补习班呢？"

他答："不愿意学。"

我接着问："为什么不愿意学呢？"

他说："懒，学不会。"

我忍不住笑了："你还真坦诚啊！那你想学好吗？"

"想，但我半个学期的课都没怎么听懂，肯定来不及了。"他说。

我一看，这个孩子心里还是想要学好的，只是日积月累落下的功课太多，让他想逃避，才造成了今天的结果。

于是，我说："那如果老师愿意帮助你提高，而且保证你能迅速进步呢？"

"我……"他想了想，到嘴边的话又吞了回去。

我又说："我找一个特别有耐心的老师帮助你提高成绩。他的水平可高了，能让你一个月内就提高好多分，而且你又是一个聪明的孩子，相信到期中考试的时候你的成绩会突飞猛进。你就会像一匹黑马，一下子在班级里突显出来，让老师们大吃一惊，让所有同学对你刮目相看。你想要那种感觉吗？"

这一次，他非常坚定地点点头："嗯！想！"

他爸爸在旁边看到孩子点头，高兴得合不拢嘴。我赶紧给他安排了一个有经验又有耐心的老师。果然，孩子在期中考试中，平均分由原来的40分提高到了70分，成了一匹名副其实的"黑马"。后来，我跟他的辅导老师交流，他告诉我，其实这个孩子可以考得更好。但是，一些解题技巧目前还没有教给他，只加强了他的基础知识，目的是为了让他感受成功的喜悦，并且再接再厉。

在尝到了甜头之后，这个孩子学习更刻苦了，从40分到70分，从70分到90分。从倒数到中等，从中等到优异，他很快就完成了这一华丽的转身。后来，他的家长专门来感谢我，说："以前我觉得孩子的学习成绩能达到中等水平就谢天谢地了，万万没想到他能变得这么好！"我说："是啊，你们以前都不看好他，更别提给他鼓励了，孩子能不灰心丧气吗？"

其实，没有哪个孩子是甘于平庸的，他之所以现在不积极努力，不是因为他天生没有理想，而是因为在他曾经为了理想努力奋斗的时候、取得小成绩的时候没有得到家长或教师的肯定。他只是需要有人肯定和帮助，有人在前方为他点亮一盏灯，让他看到目标、看到希望，这样他才愿意坚定地走下去。

- **恰如其分的夸奖最有效**

鼓励就是单纯的夸奖吗？不是的。有的家长谨记我的嘱咐——"要多鼓励孩子"，于是每天拼命地夸，却起到了反效果。

在我的博客上，经常有学生留言："我的父母听了您的报告，看了您的书，天天在家里表扬我，闹得我现在都浑身直起鸡皮疙瘩。"这是典型的"拍马屁拍到了马腿上"。根本原因就在于，家长没有真正掌握孩子的情况，没有抓住孩子真实的优点，表扬得太随意、太不真实。

所以，**家长鼓励孩子要谨记：用词恰如其分，不能滥夸**。不是孩子的优点、进步，你冲到前面去表扬，孩子反而觉得很奇怪。

家长告诉孩子"你真棒"，绝对不是泛泛而谈。现在孩子的思想、行为,都有自己的一套,不像我们小时候那样,对家长言听计从。随着年龄的增长,这种难以驾驭的趋势会越来越明显。家长如果能够注意观察,在别人没有看到的地方发现孩子的优点,说得具体,说得真切,孩子就会产生一种"遇到知己"的感觉。以下两种情况需要说清楚。

第一,对于成绩不太理想的孩子,家长夸奖时要避而不谈成绩。

这点应该不难理解。如果一个考试经常不及格的孩子,你一张口夸他学习好,他一定会认为你在讽刺他。我们可以选择那些平时并不被认为是"优点"的优点入手。

因为工作关系,我得以认识了很多其他学校的同行。有一次,一个与我私交甚好的老师来求助我,说他班里有一个学生,特别喜欢上课看小说,怎么说他都不听,让我想想办法。

我说:"你别老骂他,想没想过从侧面鼓励他一下?"

这位老师差点从椅子上跳起来:"这还鼓励他?不鼓励都一天看好几本小说了,鼓励了还不得上天了?"

我说:"那可不一定,你看我的。"

以下是我和那个学生的对话。

我问:"我是你们班主任的朋友,我听他说,你一天能看好几本小说,是吗?"

他没吭声,显然这时候他觉得我是来指责他的。

我又说:"简直太厉害了!"

他惊愕地抬起头。

我马上补充:"我至今见过最厉害的人,是我中学时候的老师,可以一天看完一整本书。我觉得他已经是一目十行了,没想到还有比他更厉害的人哪！"

看得出他有些激动，他说："我从小看书就很快，记性也不错。"

我趁势追击："那你的同学都很羡慕你吧？看书又快又好，这可是学习的一大天赋呀。"

他看起来有点儿懊悔："我倒没把这本领用在学习上。"

我装作很震惊的样子，说："为什么啊？那多可惜呀！我敢保证，只要你把看小说的本领用在学习上，结果肯定让所有人惊诧，不信你就试试。"

简单的对话到此结束，但是作用才刚刚开始。他的班主任老师后来告诉我，虽然这个学生依然看小说，但也开始留出时间学习，而且他确实很聪明，看书又快又好，学习成绩也很快就得到了提升，老师和家长们纷纷夸他。这一来，他尝到了甜头——原来学习比看小说有意思多了。后来，他学习越来越努力，成绩也越来越好。

第二，对于学习成绩比较优秀的学生，浅显的表扬已不够，他们更需要一种能让他们保持清醒的提示。这一点，相信家长们也不难理解，具体做起来时可以像下面这样。

"孩子，我发现你最近越来越善解人意了。"

"你的悟性挺高的。"

"你现在做事越来越讲究统筹安排了。"

"嗯。有思想，动手能力强。"

……

俗话说："响鼓不用重锤。"这句话对，但也不对。有时候还是需重锤一下的。重锤敲到哪儿声音最响？找到这个点，往往事半功倍。

我有个学生叫朱栐，高一期中考试，他以绝对优势名列全班第一,从此飘飘然,上课不听讲,作业不按时完成,整天琢磨着做难题。到了期末考试,竟落到年级100名之后,他受到沉重的打击。放学后,朱栐在黑板上留下了这样的悲情诗句:"分有高低优劣,人有成王败寇,此事古难全。"

朱栐啊朱栐,你终于清醒了,但也不能一蹶不振啊。本来我想打个电话,鼓励他振作起来,转念一想,人家可是借"词"叙愁,我只好绞尽脑汁,写词一首送给他。

### 水调歌头·人才几时有

人才几时有?俯首看三班。

不知弟子心境,凄凄是何缘?

本应拂其桎梏,只因年少无节,规矩成方圆。

基础记于心,何惧前路险?

不畏挫,敢拼搏,立深远。

谁言有恨,坦途不见磨砺艰。

不经往昔一败,怎求明日精彩?借此送箴言:

风雨映彩虹,英雄出少年。

像朱栐这样优越感强的孩子,眼里瞧得上几个人?自己郁闷之时,牢骚两句,没想到王老师还真有那么两下子,跟他对起词来了。读罢这首词,他的精神为之一振。在新学期的第一次"统练"中,他一举拿到99分,终于乐开了花。

对了,朱栐后来就读于清华大学。

针对两种孩子的鼓励之法,完全不同,要对症下药。夸孩子并不难,难的是怎么夸才最有效,这是一件因人而异的事情。不过,有一点是肯定的，探知孩子的渴望，然后尽可能地满足他们。

- **艺术激将法，一句话可能改变孩子的一生**

北京某中学的一个学生高考落榜，跟我谈起他的辛酸往事，他的班主任曾当着全班同学宣布："将来如果咱们班有一个不过一本线的，那就是你。"

这个学生说："王老师，就因为这句话，一下子就把我给击垮了，让我觉得所有的付出都是白费，完全失掉了竞争的士气。"

我说："先别怨你们老师，你是个男人，就不能争这口气吗？"

他说："老师，我现在后悔了。当时，我就不应该听任班主任的。如果奋起反击，用我的实际行动证明她是错的，也许我就不会走到今天这一步了。"

显然，会说出这种话的是一名失败的老师。但是，话说回来，这位老师的初衷，肯定不是打垮一个孩子，或许只是一时冲动说出来的气话，又或许是一次失败的激将法。如果让我早一点认识这个学生，结果一定不是现在这样，因为我很清楚，这种非常想把学习搞好，又暂时走不出困境的学生，需要的不是家长的唠叨，更不是老师的指责，而是减压，是以退为进、适度降低目标的一种体贴和理解。这些未成年的孩子，你给他点儿阳光，他就灿烂；他一灿烂，学习成绩就上来了。你要是"一年三百六十日，风刀霜剑严相逼"，他很有可能就从此一蹶不振，再无翻身之日了。

如果是我，我想我会对他说："这一年你还有非常大的进步空间，将来如果咱们班有一匹'黑马'，那一定就是你。"如果他当时得到的是这样一句话，结果会是怎么样的呢？

我曾接到一封信，是我在青岛二中工作期间教过的一个学生写的，这个学生的名字叫陈皓。信写得很长，她在信里说："王老师，我终于在博客上发现您的踪影了。我之所以一直在寻找您，就是想向您说声感谢。"然后，她回忆了下面一件事。

她刚上高一的时候，一开始在一个重点班，结果有一次选拔考试，她没考好，就从重点班被淘汰到了普通班。正好高一的下学期我接管了这个班，给他们教数学。我有一个特点，每次考试，无论大考小考，我必须要做的一件事，就是在每一个学生的试卷上写一句批语。这句话可不是那么容易写的，你得了解这个学生的心理状态、学习状态等，然后用一句非常恰当的话，给学生以鼓励，或者帮助学生走出心理的困境。这句话写得好，学生会有醍醐灌顶的感觉；写不好，可能会起到反面作用。所以，这句话经常折磨得我到了凌晨三四点都睡不着觉。我为什么要这样做呢？因为我能够跟学生单独接触的时间是很少的，所以我就希望，凭借每一次的考试，给学生以恰当的点拨、鼓励和指导。都说"分、分、分，学生的命根"，学生那么看重分数，所以每次考完之后，面对成绩的起伏，学生的心理都会产生很大的波动，这个时候我的指导作用，就是用智慧和对学生的理解，让学生发现自己的优点和不足，从而不断地进取。所以，这项工作，我一直坚持了下来。

没想到这样一件看似默默无闻的工作，在学生成长的经历中，竟起到了很大的作用。陈皓这个学生，从重点班被调整到普通班之后，她就感觉挺丢人现眼的，思想负担很重，所以情绪很低落，心里很焦急。我也能感觉到这个女孩脸上那种淡淡的忧愁，但是因为我是半路接的这个班，所以不知道具体是什么原因。后来有一次考试，题目出得比较难，结果这个女孩在班里考得特别突出，我心里想，这个女孩怎么这么厉害？于是，我就在她的卷子上写了一句话：这才是我心目中的陈皓！陈皓一看到自己考得很好，又看到了我写的话，她就开始反思了，她意识到自己过去的颓废心态是非常不应该的，她想：我在王老师心目中原来是这样的，这才是我陈皓应该有的水平。所以，在看到我这句话之后，这个学生一下子就变得振奋了，变得自信了，而且对前一个阶段情绪的低落，进行了认真的反思。之后，这个学生因为找回了自信，就从困境中走了出来。

其实，我就教了这个学生半年，甚至连这个学生长什么样都已经不太记得了，可是这个学生呢，就永远记住了我给她写的这个批语。后来这个学生考上了北京外国语大学，然后到美国留学，获得了博士学位，现在在国内一个大学当教授。她在信中谈道："王老师，在以后的道路上，我始终用您这句话来鼓励自己。我现在毕业了，成了一名大学老师，我在当老师的过程中，总是模仿您的这种方法和对学生的这种爱心去教育我的学生，也因此赢得了很多学生的尊重。"

这个学生在她人生的低谷，因为我的一句话走出了困境，类似的故事还有很多。还是我在青岛二中期间，班里一个小男孩，长得特别可爱，不过学习成绩一般。有一次寒假的期末考试，可能题出得比较简单，这个小男孩第一次考了90分。我就半开玩笑地在他试卷上写了一句话，那句话大意是："今年是我在青岛过的第一个春节，因为你这次期末考试发挥突出，我相信我的这个春节，将会过得非常愉快。"也没有别的，完全是一种聊天式的语气，结果这个学生一看到我写的这句话，拿着卷子回到家，竟然在他妈面前哭了，跟他妈妈说："你看王老师从外地调到青岛，今年第一年在青岛过年，因为我这次考得好,他的春节将过得非常愉快,原来我在王老师的心目中竟然这么重要。他那么重视我,我怎么能让他失望呢?为了王老师的幸福,我今后一定要好好学习,让王老师一生都过得非常幸福。"就为了这一句话,这个小男孩整个寒假非常自觉、非常主动地投入到学习中。家长非常感动,开学之后专门到学校见我。他爸爸说:"王老师,我不为别的,就为您在我孩子试卷上写了那么一句话,让孩子为之激动和兴奋,迸发出学习的激情,就从这一点上来讲,您真的令我感动、令我敬佩,我们非常感谢您!"后来,这个孩子确实发展得很好,现在是青岛一个外贸集团的老板。他一见到我,总要谈这件事,说那张试卷他现在还保留着,因为那是他人生的一个转折点。

你看,一个人的一生,竟然会因为一句话而得到一个很大的改观,所以从这个意义上来讲,这也是作为家长的一种责任。做家长的艺术往往就在于润物细无声,所以你不要期望孩子一定要在当时给你一个什么样的回报,或是给你一个什么样的感激。当你怀着一颗赤诚之心去为你的孩子服务的时候,当你怀着一颗关爱之心去帮助你的孩子的时候,我相信你的孩子会把对你的感激永远珍藏在心中。这才是帮助孩子进步的最大动力。

● **循序渐进,小目标赢得大成功**

中国家长的一个共同误区是:总爱拿难度非常高的目标来激励自己的孩子。即使孩子拿着进步了的成绩单回家,也免不了听上几句:"你距离'一本'还有十万八千里呢!"或者是:"爸爸妈妈指望你上清华、北大,这么点儿进步就值得你沾沾自喜吗?"孩子的每一点儿进步都是他用日日夜夜的努力换来的,结果没得到表扬不说,那一点儿努力的成果也被这"庞大"的目标击垮了。

曾经有个孩子亲口对我说:"我爸妈就觉得考上清华、北大才是好孩子。我有一次从第二十名一下子进步到了第九名,结果还是挨骂了。原因就是想考上清华、北大怎么也得前三,我只考了个第九名,有什么值得高兴的?难道只要我考不上清华、北大就怎么着都不好了吗?那我还不如什么也不学当倒数第一去,还乐得轻松呢!"

家长的本意是好的,想给孩子树立一个远大的目标,却忽略了这个目标可能会把孩子吓倒。目标要有,但要注意设立目标的技巧。最好要有两个目标:一个长远的,一个近期的。

"长远目标"放在自己心里,不需要天天拿出来。"短期目标"则要抓住孩子每一次的微小进步,一点点地往上加任务。什么叫考好了?什么叫考得不好?每个人最大的对手都是自己,比前一次提高了就应该及时表扬和鼓励,而不是必须超过班上某某某那才叫好。越是问题比较多的孩子,越需要老师和家长拿着放大镜,去寻找他的优点,抓住他的每一点儿细微进步,有针对性地把表扬送到他的跟前。简言之,这个过程就是:用放大镜找优点,目标是清理负面情绪——→降低难度,让孩子体验成功的感觉——→加大难度,再次成功。通常被表扬3次之后,这个学生就会不断地、长足地走向优秀。所以,我称之为"3步优秀法"。

在媒体曾津津乐道的《我帮倒数第一考上北大》的教学案例中,我所应用的就是这种"3步优秀法"。

第一次考试,他考了倒数第一,第二次考试还是倒数第一。但是,第二次他和倒数第二的考分差距从100分缩小到了70分。缩小了30分的差距,这就是成绩的亮点、进步的关键点!

我只字不提学生这次还是倒数第一，而是大张旗鼓地表扬："你看，他与前一名的差距缩小了30分！这是多么显著的进步啊！"一直要把这个学生表扬得心潮澎湃、斗志昂扬了才行。

这要是换成有些家长，肯定会说："你看你看，弄了半天，你这次怎么还是倒数第一啊！"

学生一想："我这么拼命，还是倒数第一，还有什么可努力的？"刚刚鼓起来的一点儿斗志又熄灭了，接下来又要破罐子破摔了。

优秀是需要时间来成全的，"欲速则不达"。家长心态平稳，着眼当下，走完优秀的3步，需要的时间也许是3天，也许是3个月，甚至是3年。但一旦上了这个轨道，孩子的成功，是可以预期的。

有一次，北京四中一个女孩的爸妈来找我，俩人争着反映："孩子从上高一以来，成绩一直起伏不定。"我发现这两位家长有一个共同点，那就是只关注孩子的学习成绩，不去看学习的过程。孩子考好了，家长又是许愿，又是奖励；考差了，就讥讽、批评。他们并没有分析孩子成绩为什么波动这么大。

这个孩子有时候考班里的前十名，有时考班里的倒数，波动太大，很不正常。家长给孩子灌输的观念——分数压倒一切。只要分数好了，一好百好；只要分数差了，一切白搭。结果，孩子考好了就觉得："我成功了，万事大吉了。"后面的学习失去了目标，完全放松下来，再考，又是一塌糊涂，于是悲悲切切，孩子完全成了分数的奴隶。

两位家长糊涂到什么程度呢？有一次，女儿提出要参加生物竞赛，家长问："为什么要参加生物竞赛？"

女儿说："如果生物竞赛获得北京市一等奖，将来就可以加20分，或者保送上北大、清华。"

家长一口回绝："你别瞎掺和了，好好地把功课学好，比什么都强！"

追求更高更快更强，是人的一种本能。你的归宿在哪里，要设计；我的强项是什么，得尝试。比如，我通过竞赛获奖进北大，或者我单靠高考总分考清华，或者我凭借艺术特长上复旦。孩子有了这样的目标，然后循着它波动，就会在波动中往上升。但是，在家长的指挥下，这个学生把每次取得好的成绩当成了唯一追求，没有长期的目标，只有短期的虚荣，最终失去了自我。

我说："孩子本来是有很大优势的，成绩不稳定，不是智力不高，也不是方法有误，而是她精力过剩，情绪不稳。你不给空间让她发泄，她只能在学习之外折腾了。这事儿就听孩子的，让她参加生物竞赛。"

孩子把精力转移到竞赛上后，不但没有影响正常学习，后阶段的考试反而一步步稳定下来，最后通过竞赛加分，考入了北京大学。

很多时候，我们没有坚持到底，没有取得成功，不是因为我们没有毅力、没有能力，而是因为我们缺少一个清晰的目标。同时，无聊、空虚、焦虑、失落等不良情绪也随之滋长。因此，对于学习底子和习惯都比较差的学生，家长压根儿就别给他定长远目标，只定短期目标，越低越好。

很多孩子一见到我就说："我成绩不好，不想学了。"

我就问："不好到什么程度？"

孩子吞吞吐吐："反正是倒数。"

我说："成绩不好是一个模糊概念。咱考不上北大，能不能试试人大？上不了人大，要不换换北理工？北理工也没戏，全国还有那么多好学校等着你呢。这次排第五十名,下次考第四十九名就是成功。不能笼统地说自己成绩不好。"

孩子一想,考第四十九名,不就追上一个嘛。再一看第四十九名的那个同学,怎么看怎么不如自己,于是信心十足。

当他追上了第四十九名,我们就大张旗鼓地表扬:"是不是很容易?挺好!下一次干什么?争第四十八名!"

**目标低,好追赶,孩子就容易产生成就感**。比如,这一次他考了第五十名,你要求他下次考入前三十名,他可能就不想干了,达不到呀。但是,很多家长,包括老师,甚至不认为人家从第五十名到第三十名是一种显著提高,都吝啬表扬。为什么要这样呢?一点儿一点儿地提高,最终也会离成功更进一步。你如果非要说"你看谁还比你学习好,你要超过谁才行",一句话就会把孩子的积极性给打垮了,这样反倒让孩子离成功越来越远。

● **可怕的倒计时,考前施压要谨慎**

为了让孩子争分夺秒地备战高考,家长常常用"倒计时"的法子,家里墙上贴着醒目的标牌——距离高考还有××天××小时!这不禁让人想起奥运倒计时、港澳回归倒计时、卫星发射倒计时,让人顿生紧张,心也跟着突突直跳!家长本想用倒计时来督促孩子积极备考,殊不知过犹不及,这会给孩子造成沉重的压力,反而影响学习。

有一天,我从人大附中出来,被一个家长"逮"到了。

家长说:"哎呀,王老师,我可等到您啦,我在门口守了您整整3天!"

原来,她的女儿寒假参加艺术特长生的考试,被当地一所名牌大学签约了。这个大学对女孩的录取政策是：只要达到重点分数线，就直接录取。本来是一件大喜事，没想到孩子每天晚上回到家，这位妈妈就跟女儿唠叨两件事儿。

第一件事，她这么向女儿唠叨："孩子呀，咱们为了这个艺术特长生，耽误了很多时间，也花了不少钱，要是你的分数上不了重点线的话，咱不就亏大了吗？"

第二件事，她对女儿施压："孩子呀，还有不到100天就要高考了，你再不努力，可就来不及了呀！"

家长经常这样说，搞得孩子愈加紧张，出现了严重的心理问题，从此以后，孩子睡不好，学习也跟不上。

我说："很显然，高考之前，你孩子的压力已经到了难以排遣的程度。一个人在过度压力下学习，是没法提高效率的。作为家长，你最应该做的是帮助孩子减轻压力。你不仅不体谅孩子，反而把你作为家长的压力，变本加厉地强加到了孩子身上。"

家长讪讪地说："我这不是着急嘛。"

我说："你采取了两个措施，第一个叫'负罪感'，分数上不了重点线就亏大了，这不是把过错全往孩子身上推了吗？第二个叫'倒计时'，不到100天就高考，搞得跟奥运会似的，没压力的也被搞出压力了。"

家长说："时间的确不多了嘛。"

我生气地说："100天是个什么概念？100天是一个学期的三分之二，一个人的高中生活就是6个学期，一个学期的三分之二还不够你孩子用功的吗？按你这么说，干脆孩子上小学一年级的时候，你就告诉她'孩子啊，还有不到12年就高考了呀，再不努力，就来不及了'！"

这位妈妈终于被我说哭了。

狠话虽然说出口了，我却实在做不到狠心。于是，我要求孩子紧急坐飞机赶来和我面谈。我和那个女孩谈了一个多小时，她就彻底解脱了。

单纯劝解这个孩子并不能彻底解决问题，必须要解决导致她出现问题的根源，也就是她的妈妈。我把她妈妈叫进来，严厉地说："你在高考之前，不准和孩子讨论任何跟学习有关的事，做不做得到？"

她妈妈说："老师，我做得到。"

高考结束后，我收到了这个孩子成功的喜讯，以及一封来自她妈妈的感谢信。

王老师，孩子后来说："去了一趟北京，捡回一个妈妈。"我就问孩子："怎么说捡了一个妈妈？"孩子回答："从前您哪是妈妈呀？简直是个恶魔。您天天瞪着恶狠狠的眼睛，监视着我的一举一动，我出来喝杯茶，都感到后背凉飕飕的，毛骨悚然。有一次，我吃饭时间长了点儿，您就开始念叨我浪费时间，越说越激动，好像我犯了好大错误似的，搞得我有一阵子吃饭都有阴影。现在好了，现在的妈妈多么体贴、多么和颜悦色、多么善解人意啊……"

我太了解我们的家长了：孩子生病了，他们比孩子还疼；孩子受挫了，他们比孩子还难受；孩子要考试了，他们比孩子还紧张。可是，这些复杂的感情只应该潜藏心底，在孩子面前你必须波澜不惊。父母先垮掉了，还能指望孩子顶上来吗？

面对即将应考的孩子，家长也不要表现出过分的紧张。家长要设法让孩子放松，自己首先要表现得"每临大事有静气"，举重若轻，气定神闲，而不是死命地催！考前让孩子保持一个适度紧张的状态，就足够保证考前的正常复习和考场上的正常发挥了。

女儿参加高考时，我也紧张得手心直冒汗，但是那两天，我绝口不问她考得怎么样，除非她自己开口跟我说，我才适当地加以疏导。我见过有些家长，孩子马上就进考场了，还在唠叨高考有多么重要，这次要考不好就完了之类的话，弄得孩子战战兢兢地进考场，那还能考得好吗？何况，**通过给孩子加压的方式来排解自己的压力，这是家长多么不负责任的表现啊！**等孩子不堪重负倒下的那一天，家长再后悔就来不及了。

● 会说话，更要会"听话"

女儿在读高二的时候，有一次期末考试没有考好。说实话，我心里也挺失落的。虽然能明显地感到孩子的情绪低落，但我极力装作毫不知情。

反正学校就要放假了，学习任务也不重，就让孩子反思两天。我一边琢磨，一边苦苦寻找谈话的切入点。

终于有一天吃完晚饭，我们俩难得一起看了一集电视连续剧《长征》，讲毛泽东在长征路上如何克服重重困难，气贯长虹，指挥若定。

我就问："毛泽东写过一首诗叫《长征》，我记不起来了，你还记得吗？"

女儿自小喜欢读书，诗词歌赋是她的强项，听说我记不起来了（其实我倒背如流），顿时来了精神，从头给我背了一遍："红军不怕远征难，万水千山只等闲。五岭逶迤腾细浪，乌蒙磅礴走泥丸。

金沙水拍云崖暖，大渡桥横铁索寒。更喜岷山千里雪，三军过后尽开颜。"

孩子充分展现完她的才女风范，我一边鼓掌一边感叹："哎呀，声情并茂，佩服佩服！"

女儿一脸得意，像只骄傲的小公鸡："老爸，您还是上了年纪呀！这首诗都搞不定啦？"

我摇摇头，对她说："是呀是呀，还是你年纪小，记性好呀！这首诗写得多好呀，多有气势！我年轻时最喜欢啦！"

女儿点点头，说："是挺有气势的。"

我一看时机到了，就开始上课了："如果这是一篇命题作文，多数文人大概会着眼于二万五千里长征的艰苦卓绝，写得沉郁顿挫或慷慨悲歌。毛泽东却用轻快、浪漫的笔调，写出胜利的喜悦。红军穿过蜿蜒起伏、绵延曲折的五座大山，天上有国民党的飞机，后有追敌，前有伏兵，危机四伏，但在毛泽东眼里，那一座座高山不过像大海中起伏的细微波浪，像大地上滚动着的一些泥丸罢了。红军被迫翻过终年积雪的岷山，到达甘肃境内，许多战士冻饿交加，死在了征途中，这些在毛泽东的笔下是'更喜岷山千里雪，三军过后尽开颜'。这是一股千古少有的豪迈之气啊！他极端蔑视了长征中的巨大困难，没有这种胸怀，这种气魄，哪有中国革命的最后胜利？"

女儿被我说得慷慨激昂："老爸，毛主席真是了不起呀！"

我神秘地一笑，接着说："听说某人这次考试没考好，竟然有些魂不守舍，和毛主席比一比，应该有所感悟吧！"

女儿突然醒悟，给了我一拳头，说："你这个人太狡猾了吧？服了您啦！"

我笑笑说道:"好像我什么都没说吧?"

女儿突然严肃起来:"爸爸,其实我心里知道该怎么努力,就是有点儿难受。我这次准备得很认真,但还是出现失误了,一定是太紧张了。下一次看我的行动吧!"

我回答道:"嗯,老爸是绝对相信你的。下次你紧张的时候,就来找老爸,老爸有的是办法让你轻轻松松的。"

"最爱你啦,老爸!"女儿调皮地说道。

女儿的挫败感就在这次谈话中化解了,下一次考试又恢复了往日的优秀,让我倍感欣慰。从我的教女故事里,家长可以得到这样的感悟:**面对学习暂时落后的孩子,家长谈话一定要讲究技巧。**

家长问:"这一回考试考完了没有?"

孩子避而不答。

家长接着问:"考了多少分呀?"

"你烦不烦呀?"孩子不耐烦地接话了。

……

所以,家长要想了解孩子的学习情况,最好别一开始就提学习。你越不谈学习,才越有利于谈学习。你可以夸夸其谈,只要脑子里有一根弦,不让孩子看出你的意图,慢慢地引导,慢慢地收缩。聊着聊着,孩子自己就往学习那边走了。你想,"分分分,学生的命根",他能不在乎吗?一旦把话题打开了,孩子倾诉,家长倾听。即使孩子说错了,家长也别急于反驳,到了关键时候,家长说话的分量就出来了,一句话就可以让孩子有一种顿悟的感觉。这时候,不是家长主动地说给孩子听,是孩子自己需要听,这就是"迂回战术"。

## 加压法，让约束力差的孩子更自觉

如果您的孩子压力已经很大，那么上文的减压法可以帮助到您。但是，如果您的孩子现在欠缺的正是压力，那么加压法就有用武之地了。

● **各种加压法：苦肉计加压法、荣誉加压法、危机加压法及时间加压法**

我曾经执教的山东沂水一中在沂河的西岸，学校院墙外就是一片农田，城区在河的东边，河上有一座大桥连接东西。

有些城里家庭条件好的家长怕孩子受委屈，每天开着车或安排人，运送三餐。然而，这些孩子往往并不在乎家长"千里"送盒饭的良苦用心，他们往往生活散漫，学习拖沓。

我就跟这些家长说："你们要真是关心孩子，想感动孩子，我建议你们骑着自行车，夏天顶着太阳，冬天冒着风雪，风尘仆仆地给孩子送那么几次饭，这样就行了。像现在这样，派一个司机往学校送大鱼大肉，你们助长了孩子一种什么习惯呢？你们的孩子生活在一大批农村孩子中间，很多同学连饭都吃不饱，你们这不是在炫耀家庭的财富吗？说得不客气一点儿，纨绔子弟就是这样形成的。他们缺少什么？缺少一种心灵的撞击——爸妈为我真是付出得太多，我心存内疚。可你们是怎么做的？开车送饭，举手之劳，既阔绰又轻松，孩子哪里会珍惜？"

后来，真的有家长采纳了我的建议，平时不送饭了，遇着刮风大雨天，反而亲自出动，捧着一盒热气腾腾的饭菜，第一时间送到孩子跟前。孩子体会到父母的良苦用心，学习上就变主动了，集体活动也敢于吃苦了。这就是"苦肉计加压法"。

我的企业里有两个员工，一个叫季民，一个叫郭松柳。季民是主管培训的副校长，北大的学士、硕士。郭松柳也是副校长，本科、硕士、博士都在清华读的，负责远程教学。有一次，我就跟刚调来的清华博士郭松柳谈起了季民。

我说："季民可是骨干中的骨干。他是北大的，你是清华的，清华较量北大，谁更厉害，大家都瞪大眼睛看着呢！你要是业绩干不过他，清华大学的牌子就砸你手里了。"

小伙子雄心勃勃："您放心，清华人从来就没败给过北大人。"

很快，他们就使出浑身解数，展开部门竞赛。这种良性竞争既提高了企业效益，又提升了员工的能力。有了左膀右臂，我的管理工作也就轻松多了。

这次，我利用学历背景来激励员工，可称之为"荣誉加压法"。

有一次，我的学生程稷物理竞赛时没有拿到保送资格，再过两个月，还可以参加一次数学竞赛。我就把他逼向绝境："这次再不成功，你就没有机会了。"这小子从来都是"悠着跑"，真正实力发挥不到70%，必须使劲压一下，才能"置之死地而后生"。两个月后，程稷抱回了北京市数学竞赛一等奖，保送北京大学。这招叫作"危机加压法"。

还有哪些加压方式呢？

数学课堂上，教师突然拿出20个选择题，发给所有学生，5分钟完成。时间到，全部停下来，能做多少算多少。或者，上课铃一响，老师马上抛出4道题，不限时间，谁先做完谁先交；交到第十名，不收了，到此截止。这种超强度的训练，要求在短时间内，又快又准地解题，是对学生极限的挑战。我称之为"时间加压法"。

加压法还有很多种，每一种都有它独特的魅力和适用范围，只要用得对，效果就好像是注射一支有益无害的兴奋剂，让其全身都燃烧起奋斗的火焰。人的潜能是无限的，在适当的时候逼一逼，最后出来的效果连自己都会惊诧！

● **适当"刺激"，激发斗志**

当我遇到那些非常聪明，也有很强学习能力，却不愿意把心思放在学习上的学生时，我会用"激将法"。通常"激将"时，我的言辞会很严厉，但我不是真的有多讨厌学生们，只是想用这种语气激发他们学习的热情。令我欣慰的是，他们事后对我并没有怨恨，只有感激。

我在沂水一中工作期间，教了一个比较有灵气的学生，当年高考落榜了。他的家庭条件不太好，学习态度也不是很端正。那年暑假，这个学生骑自行车到县城去。在沂河大桥上，他左躲右闪，只怨桥太窄，我们"狭路相逢"了。他赶紧下了车，畏畏缩缩地站在我的面前。

我严厉地说："以你的能力，完全可以考上理想的大学，不必回来复读。你是不是感觉，家长为了你，受的累还不够，付出得还太少呀？复读这一年，你要是不能改变原有的学习态度，对你的家庭就是一种亏欠，你的学习成绩也不可能有多大进步。"

孩子当时的表情已经是羞愧难当了。

我继续说："高中3年，你怎么就不能拿出一种拼劲来呢？你留着劲想干什么，还是什么都不想干？"

这句话够狠了。

孩子简直无地自容，没有跟我道别，就骑着自行车踉踉跄跄地走了。

这个学生复读那一年，我没有给他上课。有时在校园里遇见，他总是远远地避开。我也开始反思："那天对他的刺激是不是太过了？"在和其他老师们的交谈中，我慢慢得知，这孩子复读一年的状态非常好，稳扎稳打，特别能吃苦，成绩有了很大的提高。

最后，这个学生如愿地考上了一所名牌大学。临走前，我竟然收到了他的一封长信，摘抄如下。

那一天在沂河大桥上您的那一句话，使我平生第一次感受到良心的谴责，原来我这么没出息。当时真想从桥上跳下去，洗刷我的过去。

那一句话，让我一天之内就长大了，懂事了。我知道，我说什么也没有用，只有做给您看。是我让您失望了，但不会再有下次了！

回去以后，我把您骂我的那一句话写在了书上："你留着劲想干什么，还是什么都不想干？"在没有劲的时候，一看那句话，我就有劲了。我一次次在消极中奋起，一次次自我拯救……

我的原则是：**我可以原谅你的贫穷，原谅你的落后，但是我唯独不能原谅你的堕落。**"穷且益坚，不坠青云之志"，你只要有一种不甘贫穷、不甘落后的精神，所有逆境都是暂时的，它们甚至会成为你成功的阶梯，成为你登堂入室的支撑力。人生最大的悲剧莫过于心死。自己都不尊重自己了，别人怎么尊重你？自己都觉得自己不行了，别人怎么去拯救你？

看到这孩子落榜了，灰头土脸地回学校复读，我说什么好呢？难道像下面这样安慰他？

"没事。"

"没关系。"

"复读一年肯定没问题。"

……

这些话无关痛痒。他真正面临的问题是：明明可以学得很好，为什么非要堕落到落榜的程度？父母面朝黄土背朝天，一年到头在地里忙活，嚼煎饼、啃咸菜，供他上学，但他又是怎么做的？不上心，不努力。落榜了，没办法了，见到老师，躲躲闪闪躲不过去了，他又表现出一副垂头丧气的神态，给谁看呢？

我不想抛弃他，必须刺激他，让他振奋起来，放手一搏。我得让他体会到，在我这里：第一，偷懒耍滑不行；第二，只有奋起直追，才能争得做人的尊严。

有的家长听了我这番话，回家马上开始激孩子，这是万万使不得的呀！

还是那句老话——因材施教。不同的孩子、不同的时期，得用不同的激励方式。"激将法"正话反说，必须因人因时而异。对于一些性格脆弱或者自卑的孩子，你一刺激，他也许垮得更快。只有孩子有较强的自尊心、不服输的劲头，有一定的应战能力，适当的压力才可以转化成动力。

我带过的一个班里，有一个学生很调皮，也很聪明，属于得过且过、"小富即安"的类型。有一天下午放学，我到教室转转，一看这个学生竟然坐在座位上写作业，神情还很投入。据我对他的观察，还从来没有出现过这么动人的景象，我得好好"研究"一下。

我走到他跟前，对他说："难得，难得，实在难得。今天看到你这么用功，我太感动了。"

他强忍着笑意，说："老师，我学习一下就难得啦？您也太瞧不起我了！"

我说："好好好，我瞧得起你。那你说，一周以后咱们数学测试，你能考多少分？"

他继续调皮："老师，您说我能考多少分？"

我说："你能考及格就很不错了。"

"老师，您又瞧不起我。"他有些不高兴了。

我解释道："不是我瞧不起你，你得用实际行动让我瞧得起你。"

"那我下次考个80分。"他立下了军令状。

旁边还有好多学生没走，我故意大声说："同学们都听见了吧！黄瑞超说啦，下一次只要他考60分，我就在班里大张旗鼓地表扬他！"

"不对不对，我说的是——我要考80分。"他辩解。

我伴装体贴："黄瑞超，你考60分就不错了。"

他说："不行，我就考个80分给你们看看！"

我装作无可奈何："好好好，咱们看黄瑞超的行动了！哎呀，80分，很危险哪！大伙儿做证啊！"

黄瑞超不高兴地对我说："什么呀？太看不起我了吧！小菜一碟！"

试想，如果当初我要这孩子考90分，他会怎样？

他肯定说："算了老师，90分太多了，我不行。"

所以，加压一定要量体裁衣，千万别把孩子压垮了。于是我说，他考60分就不错了。现在，他倒来了个我瞧不起他！结果，黄瑞超考了83分。

我没有食言。班会上，我大大地表扬了黄瑞超。我说："从黄瑞超身上，我看到了一个人的巨大潜能，一种敢于挑战自我的精神。"

这一表扬，这孩子整天都乐呵呵的。

"小富即安"的人就应该刺激刺激。但是你刺激完了，他也考了80分了，又懈怠了怎么办？所以，你的表扬还得及时升级，他才能继续进步。

于是，我又找黄瑞超单独谈话："我非常佩服你！不说别的，就那天那个众目睽睽的场面，我说你考60分就不错了，你硬要考80分，结果你还考了83分！就冲这一点，你是男子汉，大老爷们儿，将来肯定有出息！"

小伙子被我捧得喜不自禁，两眼都弯成了月牙儿。

我接着说："从这就可以看出，你之所以起起落落，始终达不到一个优秀的境界，不是因为你没有潜能，而是因为你不能坚持。当然，从你这次成功，我看到了你的潜能。你绝对不应该是现在的水平，你的身上有着足以让所有人惊叹的潜能。"

黄瑞超的表情开始凝重起来。

我说："你要是一直这样抓下去，进前30名也是囊中取物啊！"

我的话起了作用，黄瑞超从此自我约束，奋起直追，坚持了很长一段时间。但是，我可没指望这一次表扬，就一劳永逸了。

一个多月以后，英语老师跟我告状：黄瑞超没有交英语作业。

我还没开口，黄瑞超就来"自首"了："老师，是我不对。我昨天踢了一下午足球，晚上实在困得不行，没做完作业就睡了。"

我看他态度挺好，就说："男子汉敢做敢当，下一步你准备怎么办？"

他说："保证以后按时完成作业。"

我说："好，有你这句话就行！以后把时间调整一下，踢球安排在周五下午，行不行？周六没有课，你放心大胆地玩个痛快，回去再结结实实睡一觉，两不耽误，多好！"

对于像黄瑞超这样约束能力差的孩子，家长就得时不时地"刺激"他一下，让他能一直保持斗志。在后来的一学期里，我也正是这么做的。黄瑞超的成绩虽然也反复过两三次，但基本上都是螺旋式上升，期末如愿进步到第二十六名。

● **科学施压唤醒贪玩孩子的潜能**

如果说"一年三百六十日，风刀霜剑严相逼"是当今中学生的真实写照，那么还有一种现实是"自古雄才多磨难，从来纨绔少伟男"。这说明一个人要想成材，必须经历一些磨难，磨难是成功的奠基石。其实古人早已看得很透彻，古人告诉我们"宝剑锋从磨砺出，梅花香自苦寒来"，还告诉我们"淘尽黄沙始得金，苦到尽头方知甜"，这些都是亘古不变的道理。

但是，孩子毕竟是孩子，贪玩是天性，怕苦是必然。前途怎么办？身体里潜藏着的巨大潜能怎么办？只有靠家长加压来唤醒。

我在沂水一中工作的时候，我三弟就在这个学校上学。那时候，我家年纪稍长的孩子都考上了大学，大家参加工作之后，家庭经济条件有了根本性的好转。我三弟就变得无所事事，不思进取，学习成绩一直很差。高考前，我对他说："以你现在的成绩，肯定考不上大学，你现在又没有别的出路，你不考大学的话又能做什么呢？"他根本不着急，对我说："反正我今年也考不上大学，高考之后，我就自己去闯。你不用管我，我肯定不给你增加负担。"

我听了有点儿生气，教训他说："高中时期是一个人最容易掌控命运的时候,因为你是一个学生,你只要把学习的事搞好了就成功了。而且,学习能不能搞好,完全控制在你自己的手里。你有这样的机会都闯不出名堂来,那你离开学校走向社会,又怎能闯出未来?"

无论我怎么说,他都顽固不化,气得我最后揍了他一顿。好在他对我比较尊重,也不还手,只是说:"你怎么揍我无所谓,反正你也别指望我考大学,这是我的选择,我相信我能闯出路来!"

结果,他真的没考上大学,自己出去打工,当了一名淘金工人,在金矿上干活,条件非常艰苦。他干了一年半,想想自己高中毕业,却要和很多没上过学的人干一样的工作,而且前途渺茫,岂不是太亏了?他突然意识到自己该重新选择人生道路——复读,继续考大学。

到了春节,我们都回老家过年。由于我恨铁不成钢,所以这一年半我一直都没理他,尽管我看出来他一直想找机会和我说话,我还是对他视而不见。后来,在妈妈的劝说下,我终于不再拉长着脸。他一看有机会,就跟我说:"大哥,你能不能再给我一次机会,让我回沂水一中去复读?"我毫不留情地拒绝了他:"你别异想天开了!你高中3年一直在学习,却学成那样,没考上大学。现在,你当了一年半的工人,高中3年学的那些东西早就忘了,还有半年就高考了,你才想起来复读,那是不可能的!"他继续央求:"大哥,我现在非常后悔,也非常难过,你就再给我一次机会,看看我会怎么做。"

我们是亲兄弟,我又怎能不帮他?我之所以严词拒绝,是想让他明白机会来之不易,要他好好珍惜,同时给他加压,让他有背水一战的决心。如果他意志不坚定,复读也没用。

我把他安排到了高三的一个班级里。没想到,他一进入那个班,就像变了一个人。以前他上学时,教室里基本见不着他,天天玩。

现在他基本上是教室、宿舍、食堂三点一线，学得昏天黑地。结果学了半年，他就考上了天津师范大学。他现在是一个银行的负责人，过得有模有样的。

我三弟的例子说明：一个人一旦受到足够大的压力，那么他就会拼尽全力，唤醒全部的潜能，而结果确实能够改变他的一生。

● 讲话有效率，做个"酷"家长

现在很多孩子不愿意跟家长交流，在他们心里，他们这么认为："你是我的家长，给了我生命，给了我物质生活，我必须尊重你；但同时，你什么都不懂，我跟你毫无共同语言，甚至觉得你幼稚、可笑。"这种家长给孩子施加的压力，通常在孩子那里是无足轻重的。

家长怎样才能做到一言九鼎呢？以下3点对家长有些帮助。

第一，身教重于言传，让孩子佩服你。

女儿考上北大以后，有一段时间显得比较颓废，自我感觉太良好了。后来，我备考中科院博士，无意中就和她聊起来。

我说："我今年准备冲一把博士。"

她一惊："开玩笑吧？"

我点点头："真的，今后还需要你多多指导和帮助啊，特别是英语！"

我开始复习了，经常坐在桌边，一干一个通宵。女儿被我这劲头吓坏了，说："老爸，您真的要考呀？"

我说："当然啦！虽然我基础不好，时间又紧，不过，既然报了名，就该尽全力攻一攻嘛！"

女儿惊呼："完了完了，我这一辈子没有成就感了！"

"怎么了？"我疑惑地问。

她叹了口气："您要真考上了博士，我将来又不是博士的话，那该怎么办？没事考博士玩儿，您这是干吗呀？"

考完博士，我又及时向她"汇报"："我英语考了68分，专业课考了88分……"

随着我嘴里蹦出的一个个分数，女儿流露出敬佩的眼神。

她说："老爸，我原以为考试是我的强项，您就会指挥指挥学生。没想到，您把我的强项也表现得如此淋漓尽致啊！看来，我是不能随随便便拿一个本科文凭就行了的。"

我中年考博这件事，给孩子带来了深刻的影响。孩子整个人开始焕然一新，开始主动找我谈前途、谈学习。

**第二，适当表现弱势，让孩子亲近你。**

美国心理学家做过一项调查：一位彪形大汉，在拥堵的马路上横穿而过，愿意给他让路的车辆不到50%，车祸率很高；一名老弱病残者横穿马路，却是人人相让，车祸率为零。弱与强，在某种时候，收到的效果截然不同。弱，反而得了强势；强，反而处于弱势。

孩子弱势，家长强势，亘古已有。能不能换位一下，家长也适当表现一下自己的弱势呢？

在学生眼中，我是有求必应的"知心大老王"；在小朋友面前，我充当无知无畏的"十万个为什么"。其实，只要不是原则性问题，家长在孩子面前出现的错误越多，孩子的成就感就越强；你越是敢于承认自己的不足，孩子反而越是尊重你。这时，你的表扬哪怕含金量不那么高，激励作用也是巨大的。

以下是我跟女儿之间的一段对话。

我问:"周杰伦挺牛的啊?他那个唱法叫什么来着?"

女儿回答:"老爸,您还真时尚。人家那叫作'R&B和中国风'。"

我再问:"什么叫'R&B'?"

女儿不厌其烦地解释道:"这都不懂吗?美国黑人蓝调音乐的一种嘛!"

我恍然大悟:"真没想到,流行音乐也是博大精深啊!厉害厉害!佩服佩服!"

女儿一脸得意:"不要那样讽刺人家好不好!"

我总是以"学习者"的身份向女儿问这问那,表现我的无知。这并没有让孩子瞧不起我,反而是让孩子感觉到我的真诚。

有一次,我"拜读了"女儿的一篇作文,说实话,写得很一般。但中间有一处引经据典,很是亮眼:"遵四时以叹逝,瞻万物而思纷,悲落叶于劲秋,喜柔条于芳春。心懔懔以怀霜,志渺渺而临云。"我一查,竟然用上了陆机的《文赋》,可见孩子的阅读面很广。

我兴奋地说:"女儿,你太有才了,太令我羡慕了!假如我能有机会再上高中,一定要多读诗词、多练写作,让内心的话都能像你那样,顺畅地表达出来。"

孩子还很谦虚:"老爸,其实您的文笔也不赖。"

我说:"哪里哪里,我现在真的有一种'书到用时方恨少'的感觉。哎呀,可怜白了少年头啊!"

从此以后,女儿读起课外书来更有劲儿了,写作能力稳步上升。

第三,少说多做,让孩子珍惜你。

几乎所有的家长在孩子面前说的话都太多了。这些话如果再不假思索,泛泛而谈,不断重复,孩子肯定是没有兴趣的。第一个把女人比作花的是天才，第二个把女人比作花的是庸才，第三个把女人比作花的就是蠢材了。一句话家长讲第一次，孩子听着挺新鲜；讲第二次，孩子觉得很重要；讲第三次，孩子就有点儿烦了。

"拜托，您都说了一百遍啦！"孩子一摔门，扬长而去。

家长也觉得委屈："我们供你吃，供你穿，有钱随你花，恨不得把整颗心都掏给你，说这些不都是为你好吗？不是对你负责任吗？怎么弄得就跟仇人似的？"

有一次，我在办公室接待了一对母子：妈妈是一位局级干部，精明干练。儿子读高一，唯唯诺诺。落座后，我问孩子叫什么名字，上哪个年级，成绩如何，全是妈妈代答，孩子一句话都没说。我实在忍不住了，就对孩子的妈妈说道："能不能把说话的机会留给孩子一点儿？"她这才不说了，但孩子还是很局促。于是，我让妈妈回避一下，跟孩子单独谈。

我说："现在就咱俩了，是不是可以无话不谈了？"

孩子也如释重负："老师，谈什么？"

我说："什么都可以谈，要不，就先谈谈你的妈妈？你跟你妈妈之间似乎有些问题。"

他说："问题大了！我妈妈成天不知道为什么有那么多话。动不动就拿她的光辉业绩来教育我，真是烦透了！我要是像别的孩子那样顶个嘴，摔个门什么的，完啦！等着吧！保准有十倍的气焰和百倍的教训伺候。我现在变得这么胆小，这么没主见，完全是因为我妈。我最大的愿望就是离开这个家！"

这孩子一旦打开话匣子，就收不住了，谈了近一个小时。

我问孩子："能不能把你的这些苦恼和妈妈沟通一下？"

他说："就怕我妈妈听不进去，她要是尊重我，别把我当成什么都不懂的孩子，时刻念她的'紧箍咒'，我自己会做得很好的。"

于是，我又单独跟孩子的妈妈谈，把孩子内心的呼喊和痛苦，掺杂着我的建议和看法，严肃地说出来。

妈妈难过地哭了，向我提出："王老师，我能不能在您面前，向孩子承认错误并做一些保证？"

我说："你有这个勇气，一定会感动孩子的。"

我把孩子叫进来，妈妈说道："孩子，我听王老师说了你的烦恼，感到很对不起你。今天向你诚恳道歉，并保证以后不再唠叨，一定会尊重你。也请你一定要原谅妈妈，毕竟我的出发点还是好的。"

孩子一看妈妈那么真诚，也感动得哭了。

孩子说："妈妈，我也对不起您。过去很多事，我明明知道自己是错的，还故意不按您说的来，就是想气您。以后您说话，我一定会认真听的。"

**同一句话重复了五六次，就失去价值了，即使它是对的、重要的、负责任的。**所以，家长一定要注意讲话效率，拿不准当说不当说的话，你就不说；可多可少的话，你就少说。少说话，才有分量，有点儿"酷"的家长，也许更令人信服。

## 遇到问题，尽早解决

很多媒体报道，说我擅长转变"差生"，辅导"问题孩子"。但是，为什么要等到孩子劣迹斑斑、积重难返的时候，再去考验教育者的"回春之术"呢？

"人之初，性本善"。每一个孩子生下来时，都那么天真活泼，怎么教着教着就成了问题孩子？为什么不能在问题真的出现之前就根据孩子学习、成长过程中不断暴露的缺点，及时去引导、弥补、修正，引导他们在正确的道路上不断前行呢？

● 软硬兼施——"棍子、气泵加甜枣"

人们常说：镇委书记三件宝——棍子、气泵加甜枣。这三件武器可以有不同的组合。遇到了问题，出现了状况，这三大法宝到底怎么开工？是先给一棍子，还是先打满气呢？

我的做法是：先给孩子一个"甜枣"，然后打一棍子，最后充充气。"喂甜枣"，是要让孩子看到自己的优势、成绩，自己并非一无是处。毛泽东说过："我们的同志在困难的时候，要看到成绩，要看到光明，要提高我们的勇气。""打棍子"，是让孩子冷静反省，发现不足，激起斗志。"充气泵"，则是鼓舞孩子树立信心，勇闯难关。

朱辰同学刚进班时，各方面素质都挺优秀，是我们比较看好的一位学生。但是，第一学期期中考试，这孩子的数学只考了60多分，他还乐呵呵的。我想也好，他也许是心态稳定，可以自我调整。但是，朱辰后来的学习状况仍然没有改观，一心扑在打篮球上。篮球和学习都成了半吊子。

我也不说他。这孩子自信得很，现在跟他谈，肯定听不进。

到了期末考试，朱辰数学又考了60几分。他这才显出失落的神情，觉得大事不妙了。

这个时候，我找到了朱辰。

我说："有没有什么想跟我谈的啊？"

朱辰说："有，我觉得我的数学很成问题。"

我笑了笑："我觉得你没什么问题啊？你挺优秀的！"

孩子一脸迷惑地看着我。

我解释道："怎么不是呢？能进人大附中可不容易，一开始你还是我们的种子学生培养对象呢！有了这么好的基础，这么高的起点，充分体现了你的实力和水平。我是非常看好你的！"

孩子听到我的好评，马上恢复了神采："我的中考成绩在班上是前十名呢。"

"是啊，朱辰，你知道我为什么现在才找你谈话？"

朱辰说："为什么？"

我回答："第一次你没考好，我没有找你，因为我觉得你吃的亏不够，你记得不深，我一定要等你再失败一次。"

朱辰愣住了："老师，您怎么知道我第二次肯定会失败？"

"我从你上课就知道。"我回答。

这时，我不再说什么了，点到为止。越是留有余地，他就越会反省自己。

我话题一转，说："如果你这样继续下去，就是自己糟践自己，就是自我毁灭。如果你本来就只有这个水平，你毁灭就毁灭吧，可你的前程曾经充满希望。我可以这么说，你今天的堕落，将导致你未来的悲哀。"

朱辰有点儿无地自容了，喃喃地说："老师，我改。"

我赶紧插话："怎么改？你曾经做得那么好，以后完全可以做得更好。多少同学赶到你前面去了？你要是个爷们，就奋起直追呀！"

朱辰点点头："老师，您看我的行动吧！"

在以后的学习中，我密切关注朱辰的状态。他表现好了，我赶紧说："挺好，继续往下走。"有点儿松劲了，我提醒他："你要取得超人的成就，就得有超人的付出。"后来，朱辰同学考入北京航空航天大学。

如果对甜枣、气泵、棍子的运用并没有那么得心应手，还是要慎用批评的教育方法的。毕竟一个不小心，大棍子打狠了，一下子就把孩子打趴下了；甜枣喂多了，孩子又不思进取了。这之间的平衡很难拿捏，需要各位家长在漫漫教子路上不懈地摸索。

- **改变，从妈妈看我的那个眼神开始**

有位哲人曾经说过这样一句话："人生的路是漫长的，但关键的时候却很短，有时甚至只有几步。"这转瞬即逝的刹那，却可能改变人的一生。有时家长一个看似不经意的举动，却能在孩子的心里激起涟漪，引发一系列意想不到的结果。这就好像"蝴蝶效应"：一只蝴蝶在巴西扇了一下翅膀，引发了美国得克萨斯州的一场龙卷风。

我看过一篇文章，叫《状元之路》，是天津市的一个理科高考状元写的一段心路历程。那个学生写得特别实在，很真切。他讲了这样一件事：两个妈妈是大学同班同学，有一年寒假，一个妈妈带着小男孩去同学家做客，对方家里也是一个小男孩。

妈妈就问对方的男孩："你今年上几年级了？"

他回答："阿姨，我上高一。"

她接着问："在哪个学校呢？"

"我在南开中学。"他回答道。南开中学是天津很有名的学校。

妈妈继续问："你学习怎么样？"

男孩又回答："阿姨，我这次期末考试在班里考了第一名。"

这个妈妈就回过头来，意味深长地看了自己的儿子一眼，因为她的儿子在天津一所很普通的中学上初三，而且学习很一般。妈妈什么也没有说，只是一直不在状态，闷闷不乐，显得很尴尬。说她不高兴吧，老同学聚会不该煞风景，可是又高兴不起来。但是，这个妈妈自始至终没有提学习的事，自己的孩子比人家的孩子差太远了。你再谈学习，等于往他伤口上撒盐。

妈妈不提学习，小男孩却不能不想："我妈在大学期间，比那个阿姨学得还好，而且我妈的工作能力也比那个阿姨强，但为什么妈妈今天这么难堪？不就是因为我这个不争气的儿子给她丢脸了吗？妈妈为了保护我的自尊心一句不谈学习的事，只字也不拿我跟人家的孩子比，我的妈妈多好呀！"

小男孩接着想："不行，我是个大老爷们！不能活得这么窝囊！"

回去的路上，小男孩下定决心："一到家我就要玩命了！还有半年中考，就从这个寒假开始！"

果真，当年中考，孩子以最后一名的身份进了南开中学。考上南开中学的那一刻，他就想："将来的南开中学、整个天津市的第一名就应该是我！虽然起点比较低，但路遥知马力，还有3年的较量。"

刚上高中，小男孩成绩虽然落后，但他不慌不乱，一步一步走，学得非常有底气。3年后高考，他如愿地考了个天津市的高考状元。

对孩子的批评，不一定要长篇大论、一针见血，有时候，一个简单的眼神就有可能对他影响深远。就像这孩子自己说的："我的新生就是从妈妈看我的那一眼开始的！"

## 老王独家：怎样造就孩子的"阳光心态"

一次讲座后，我正要走出会场，一位家长拦下了我，她问我："有没有办法，让孩子阳光一点儿？"据她的描述，孩子每天都闷闷不乐，问他怎么了也不说，遇上点儿挫折就一蹶不振，没考好就整天整天把自己关在屋里，还总觉得别的同学会瞧不起他，非常自卑，全然没有这么大年纪的孩子该有的阳光和乐观。小时候他明明很开朗的，越长大反而越不阳光了。这位家长一边说，一边忍不住地叹气。

我一听，既然原来不是这样的，那肯定是他成长过程中的什么原因造成了这样，于是我说："这位家长，你先别叹气，我先说说我的猜测，你看我说得对不对，好吗？"

"我猜，他考试考得不好的时候，你是不是总是说'就你这成绩，将来怎么考大学，考不上大学你就完了'之类的话？"

这位家长有些窘，说："有时候会这么说。"

"那我再猜猜，是不是你还经常说'你看谁谁家的孩子，每次考试都前几名，怎么都是一个老师教的，人家那么优秀，你就一事无成呢'？"

家长说："王老师，您别再奚落我了，我认识的家长都会这么说孩子，怎么别人家孩子都没事，归根结底还是因为我们家孩子天生的性格呀。"

"那你就更不对了，你明明知道你的孩子天生的性格比较敏感，你还总是这么说他？再说，你只看到了别的家长这么说孩子你就这么说，那别的家长表扬孩子的时候你怎么不学习一下呢？你想让自己的孩子阳光，却把自己变成一团乌云覆盖在孩子的头上，再明亮的阳光也被遮住了啊！"

这位家长都快哭了，说道："我知道我错了，那现在该怎么办呀？"

我接着说:"家庭环境对孩子的心态的影响太大了。这样,从今天开始,你不许再念叨他的学习成绩,甚至暂时不问,他没考好的时候多给他做点儿好吃的。如果他憋不住问你,你就说'妈妈觉得你是最聪明的,再接再厉一定能考好'。"

过了小半年,这位家长又来参加我的讲座,会后跟我说:"王老师,您太厉害了,我终于又在我家孩子脸上看见久违的阳光了。现在,我觉得什么都急不得,这么大的孩子,心态健康是第一位的。我下一步应该怎么做呢?"

我见这位家长开了窍,心里宽慰许多,说:"你现在这么想已经很不错了,接下来保持就行。对了,如果您的孩子天性脆弱的话,最好避免在孩子面前和您的家人争吵。"

她有些惊诧:"这也有关系?"

我说:"当然有关系。和谐的家庭氛围是孩子阳光、健康成长的关键因素。如果天天看见父母吵架,孩子还能阳光吗?搞不好婚姻观、人生观都会受到影响。想吵架,完全可以等孩子不在的时候尽情吵嘛,有什么大不了的事一定得当着孩子的面吵呢?"

这位家长被我说得一个劲地点头。后来,没有看见她再来听过我的讲座,应该是已经成功解决了孩子心态的问题了吧。

想要造就孩子阳光的心态,说难也难,说简单也简单。简单的是问题的关键掌握在家长手中,难的是家长该怎么做。有同样困扰的家长,不妨试试下面这些办法。

**方法一:点燃孩子心中的火花。**

孩子的人生观、价值观还不稳定,因此看待事情的角度总会摇摆不定,这个时候他们需要大人的帮助。他们的情绪需要有人调动,也需要有人给予其信心！所以，家长的引导和鼓励就像一把火炬，在孩子的热情马上就要熄灭时，在孩子看不到前进的方向时，家长该出手时就得出手，及时点燃他们心中的火花，让孩子重新看到希望。

**方法二：帮助孩子建立良好的人际关系。**

现在的孩子大都是独生子，比较自我，不善于为他人着想。建议家长在入学前就告诉孩子怎么跟同学交往，怎么能交到好朋友。办法很多，但最重要的原则是真诚，最简单的做法是乐于助人。凡是在班级人缘好的孩子几乎都是自信满满，非常阳光的。

**方法三：帮助孩子爱上老师。**

中学阶段的孩子都有了自己的观点，对老师也不像小时候只是简单地崇拜了，有的学生甚至开始对老师评头论足。现在有很多学生不是为自己学习，不是为家长学习，而是为老师学习——觉得这个老师好，就好好学；觉得这个老师不好，就不学。这样的孩子需要家长从中调节孩子与老师的关系，以转变孩子看待老师的角度。

不要小看心态问题。很多实例证明，用同样的时间干同样的事情，有没有一个好的心态，差距是相当大的。所以，怎样造就孩子的阳光心态，秘诀掌握在家长的手中。

# 05 | 备战高考，行百里者半九十

- 高考，家长们准备好了吗
- 做好准备，从容应考
- 家长的焦虑不要转嫁给孩子
- 老王独家：中国教改之走向

虽然我一再说，判断孩子是不是英才的标准，不是只有考试成绩这一项。但就目前的情况来看，高考成绩确实是判断孩子现阶段是不是英才的重要标准。于是，高考成了家里天大的事。怎样应对这样的一件大事？怎样让孩子在这一考试中取得成功？孩子和家长都不能马虎，孩子需要在学业上、心理上做好准备，家长也需要在物质上、精神上做好准备。同学们寒窗苦读，高中3年都在准备，其实已有不小的把握，只要再注意考试技巧、心理暗示，我相信每一位英才都能在高考中取得可喜的成绩。家长一味地说"不要紧张""平常心"之类的话是毫无意义的，甚至有种"站着说话不腰疼"的感觉。学生迫切需要并且真正需要了解的是：应该做些什么，才能更好地应对已经迫在眉睫的高考。

科学备战，从容应对。

### 老王英才教育箴言

- 高考最大的敌人是焦虑。
- 家长切忌在孩子面前表现出担心和焦虑，一定要表现出对孩子充满信心。
- 考前复习就是要在短时间内，目标更明确、重点更突出，定位突破。
- 考前，考生回归课本、夯实基础知识是关键，绝不能以单纯的做题来替代针对性的复习。

# 高考，家长们准备好了吗

高考，是孩子一生中非常重要的事，家长跟着紧张是必然的，但光紧张也没用。在这个重要的时刻，怎样为孩子做好支持，做好后勤工作，让孩子毫无牵挂、信心满满地"上战场"，才是最重要的。所以，在我的培训和日常工作中，我一直跟家长们强调："除了孩子要应考，你们也要应考。"下面这些"规定动作"，家长朋友们一定要做好。

## ● 家长"规定动作"一：适当满足愿望

在高考之前，孩子的压力倍增。家长的每一项工作都必须围绕着"缓解孩子的心理压力"和"树立孩子的自信心"这两个方面来进行。凡是有利于此的，坚决执行；凡是有悖于此的，坚决禁止。家长自己也要摆正心态，尽量顺其自然、为所当为，让家成为考生最稳定的后援保障。

孩子考上理想大学深造自然是幸事，但即使高考失利也不能认定为全盘皆输，现在孩子求学道路有了更多的选择。所以，家长要从内心认识到高考是孩子自己的事情，孩子要为当下这件事负责。家长和孩子之间最好通过协商，明确在复习迎考时哪些事情是孩子自己要做的，哪些事情是父母要做的，哪些是需要父母协助孩子来做的，哪些是父母不能做的。

如果在高考前，孩子提出了某个愿望，这个愿望不一定有助于他的成绩，也绝对不会耽误他的考试，那么我建议家长尽量满足孩子。这不是溺爱，而是为了稳定他们的心态。

高考前一个月，女儿无意中跟我谈起来了："老爸，我听同学们说，雍和宫的香火特别旺，祈求的心愿特别准。我们很多同学现在都去烧香，希望考个好成绩。"我笑了笑，没有答话。高考前，还有很多家长领着孩子去孔府、孔庙烧香拜佛，以保佑孩子上考场好好发挥，能进入理想的大学。怎么看待这个问题呢？我没有宗教信仰，不相信神佛。但是，既然孩子提出了这个话题，从心理安慰的角度，家长可以根据实际情况来决定是否要走一趟。

于是，我跟孩子妈妈讲："既然孩子都这样说了，你不妨去一趟雍和宫，给她求个心安。"

妻子说："行。"

我说："你去的时候，我不派车，你也别打车。为了表示咱们的虔诚，你就自己坐公交车去。行不行？"

妻子一口答应："没问题。"

回来以后，孩子妈妈非常激动，跟我说："我一去雍和宫，到处都是人，香火真是旺！我跪在佛像前虔诚地祈祷，给孩子许了个求学业的愿，庙里的师父还给了我一个牌，说是我求来的护身符。他说：'在孩子考试的时候，让她把这个牌放在身上，关键时候会帮她心想事成的'。"

我笑着说："这里面门道还不少。"

我问孩子："这个东西，你看看，你妈给你求的，戴不戴？"

孩子一下子跳起来，惊喜万分："戴呀，是护身符呢！"

我说："那你可得妥善保管。"

夏天考试，孩子衣衫单薄，护身符往哪里搁呢？会不会被当作是夹带资料入场而扣分呢？

女儿倒是一脸轻松："老爸，你放心吧，我自有妙计！"

后来，我也不知道女儿是怎么捣鼓的，反正高考那几天，她一直戴着那个牌牌，喜滋滋的，充满信心。人有时候是很脆弱的，需要一个精神支柱。如果孩子没有提出来，我肯定不会要她妈妈去烧香拜佛；我也不认为这件事瞒着孩子去做了，就会有多么灵。但是，孩子一旦有了这种需求，即使我不相信，我也会帮助她完成心愿，让她尽量地放下心理上的包袱，增强信心更加勇敢地迎接挑战。

● 家长"规定动作"二：稳定考前心态

**高考最大的敌人是考试焦虑。**为什么每年高考都有考生发挥失常，就是考试焦虑惹的祸。很多学生都曾找我倾诉过对考试的害怕和担忧，他们往往对考试结果缺乏信心，精神高度紧张而焦躁不安，无法集中注意力复习，考试时大脑一片空白，有的孩子甚至打算放弃考试。

河南高二学生吴刚打来电话，沮丧地跟我说，自己自升入高中以来，学习一直很勤奋，平时学习成绩也不错，但每次遇到重大的考试时总是发挥不好。在刚刚结束的高二会考中，他又发挥失常。当时他满心希望自己能考4个A，将来考一本就会很有希望，没想到考试结果却是4科都是B。他自己看着分数偷偷地哭了。为什么每次都是这样？吴刚说，自己的辛苦付出却没有回报，现在一想到考试就害怕，心跳加速，觉得浑身发冷、静不下心来。考场上，他拿到试卷头上便直冒冷汗，越想冷静便越心慌，甚至大脑一片空白。

吴刚说，其实自己从初二开始就这样了。初三时，平时学习成绩始终在年级前十名，可一到关键性考试就下滑，到中考时更落到班级第四十几名。每次看到考试结果，父母也都是忧心忡忡的表情和眼神。吴刚说，想到父母他都感觉辛酸，觉得自己对不起父母。

其实从小学起，吴刚一直就是班里的佼佼者，每次考试的成绩都让父母感到骄傲。可初二那年，吴刚爸爸单位改制，下岗在家待了很长一段时间。当时，吴刚爸爸情绪很低落，整天数落吴刚，要他刻苦学习，不然就会落得像他一样的下场。后来，吴刚的父母开了一个小吃店，他们起早贪黑维持着家庭生活。父母劳累的身影让吴刚愧疚，于是吴刚发誓要用优异的学习成绩来回报父母。可就在那次期中考试中，吴刚紧张得头上直冒汗，无法集中精力做题，结果可想而知。以后每临近考试，他就会出现同样的症状。现在高二了，状况依然没有改变，父母也伤心，再想到将来的高考若考不好，吴刚真不知道该怎么办。

学生对考试过于看重，心理学上叫作"成就动机过高"。研究表明：成就动机越强，工作或者学习的效果会越差。吴刚的案例主要是由于父母对孩子成绩的过分关注，加重了孩子的心理负担；同时孩子自我期望值很高，过分地重视考试，夸大了考试的作用，但又未能实现既定目标。长期以来背负着沉重的压力，导致孩子出现考试焦虑。此外，相应的知识准备和应试技能不足、对自己缺乏信心、升学的压力大等也能引发考试焦虑。

其实，学生考前产生焦虑和压力是正常的情绪体现，适度的焦虑有助于激发个人潜能，可以集中注意力，有利于考试发挥。过度的焦虑则会抑制大脑活动，不利于考生复习和临场发挥。而且，长时间的过度焦虑还会引发身心疾病，危害学生的心理与生理健康。所以，对于有过度考试焦虑的学生，家长要有意识地帮助调节。所谓适度的焦虑并没有绝对标准，是否处在合适的状态只有老师、家长、学生自己去体会和感受。

家长要营造轻松、和谐的家庭氛围，并给予孩子积极的情感支持。**家长切忌在孩子面前表现出担心和焦虑，一定要表现出对孩子充满信心。**另外，家长要特别传递这样一个信息：即使考不好也没关系，只要你尽力就可以了。家长平时要向孩子渗透积极面对挫折的观念。另外，心理学研究表明，过高的期望会导致较大的心理压力。如果好高骛远或盲目地与别人攀比，目标超出个人的客观条件和实际能力，往往会导致个人因对所要达成的目标没有把握而忧心忡忡。这种对失败的恐惧必然会使考生在复习或考试期间产生反应，反而会使考生分散注意力，从而降低学习效率。

● 家长"规定动作"三：做好考前准备

孩子马上要高考，这个时候他肯定是拼命埋头于学习之中。那些与学习无关的，但又是高考十分必要的准备工作，如果再完全让孩子自己打理，就太残忍了。家长要自觉地担负起这些工作，不让孩子的高考有任何后顾之忧。

女儿高考前，我开着车，掐着表，沿线考察：从家里到考场得花多长时间，走哪条路需要多少分钟，哪条路最好走，哪条路最不好走。就这样，我花费了两个下午的时间，把我们家去考场的所有路段，全部走了一遍。这是我提前一周就做好的功课。

你也许会问："至于吗？"

这条路堵了，我们换别的路。对于北京拥堵的交通，我必须要有这个预见。真正考试的那天，车后备厢还要放上自行车。万一堵得厉害，我们就下车，骑着自行车带孩子去考场。

虽然就这么点儿路，时间也要计算得很精确。不能去得太早，也不能去得太晚。去早了，考场外没有遮阳的地方，6月的太阳晒得人眼花，孩子没地方站没地方坐的，又热又紧张，这样不行；去晚了，一路狂奔，提心吊胆，考场上同学们都坐好了，她再马不停蹄地跑进去，又急又慌乱，这样更不行。所以，这个时间得卡在点上，在预备铃响20分钟之前，孩子能到考场是最合适的。

另外，检查考试用品也很重要。提前一到两周，家长就要帮助孩子按照学校的要求，列好文具用品清单，该买的买，该添的添，准备考试用具。准备好后，家长要跟孩子沟通：这个东西有没有？用什么参考书？从哪儿取？等等，这些都要让他心里有数。孩子不能把乱七八糟的东西带进考点。

临出门时，家长应该替孩子检查，但这个检查是无声的，不要问：

"你的准考证带了没有？"

"你铅笔准备好了吗？"

……

这样一问，往往就把孩子给问乱了。如果家长要求孩子临出门，把所有的东西一件一件找出来，既影响情绪，还容易出错。拿出你的那份用品清单，默默替孩子清查一遍。都有都在，这就行了。

● 家长"规定动作"四：考前讲话要"备课"

如果我们说话是说给别人听的，那么就必须考虑对方在听到我们的话后的感受，对孩子更应该如此。很多家长只顾在孩子面前表述自己的着急、自己对孩子的关爱及期望，却全然不顾孩子听到这些话后是何感受。从某种意义上说，这种家长缺乏对孩子的责任感。

好多孩子也正是在家长的这种喋喋不休中变得消极。

就拿考前睡觉来说，如果家长说："明天要考试了，赶紧睡吧！"说这句话的人似乎没感觉到什么问题，但站在孩子角度想这句话真的能起到正面作用吗？我看这句话只会给本来就紧张的孩子增加更多的紧张感，使他更加难以入睡。从这个角度上讲，说这句话就是很不负责任的，这句话也是很不应该说的。我遇到这种事一般会这样处理，看到孩子就要睡觉了，我会跟她讲："你放心睡吧，明早我叫你。"我完全不触及考试这两个字，孩子倒觉得比较轻松，想到明早有人叫，就不用担心睡过头了，真的就呼呼睡了。为了保证孩子心理平和，从而保证比较高的考试水平，我建议家长在孩子面前说话时一定要"三思而后说"。

考试前后，怎么跟孩子讲话，我都是认真备了课的。怎么备课？孩子考完了这一科出来，要是一脸阳光，我怎么说话？要是一脸忧伤，我说什么话？我站在考场外等候期间，不仅进行了详细地备课，还要反复地练习：这一句话怎么说？那一句话怎么讲？真正面对孩子的时候，还要看孩子的表情，随时调整，有的放矢，正所谓"看人下菜碟"。

那天，女儿考完了语文，面带笑容，情绪很高涨。她说："老爸，我终于把作文写完了，而且还能留下一段时间来检查。"原来，女儿写作文追求完美，喜欢跌宕起伏、峰回路转，用笔用心太多，很容易写不完。在目前的高考评分规则下，再个性化的作文，一旦没完成，就只能在及格线上挣扎了。所以，女儿第一次非常轻松地完成了语文考试，很高兴，主动跟我汇报。

这时候，我不能马上打断女儿，因为她好不容易取得了一次成功,咱们得让人家表现一下愉悦的心情。但是,我又不能让她滔滔不绝,她要越说越兴奋,中午就没法睡觉了。我耐心地倾听,让她充分释放了一刻钟,才开口说话。

我说:"忘记上一场考试的最好办法,就是全力投入到下一场的考试中。你看,我已经提前把下一场考试的教材准备好,放在车上了,我们要不要看看?"

经我这么一说,在回去的路上,女儿就投入到数学的复习当中了。这个时候,她可能看不进去,但是至少兴奋点开始转移。

中午回家吃饭,我跟她妈妈打好了招呼。我说:"孩子一回家,你千万不要问考试的事。你就当她是外出旅游回来了,什么也别问。"果真,孩子轻松愉快地睡了一个好觉。

第二场数学也考得挺好。考完出来,女儿神清气爽,坐在车上,笑眯眯地看了我一眼,说:"有一点儿遗憾,老爸,可能得不了满分。"她说得我心里也乐滋滋的。

孩子刚刚考完,不要主动跟他讲话,问东问西。等孩子自己说完,你才能准确地把握他考场发挥的情况和真实情绪。可是,一些家长怎么做的呢?孩子进考场之前,说:"好好考呀,不用着急。"这一说,孩子反倒紧张了。孩子考完出来了,家长又问:"考得怎么样?"孩子还没有完全从考试的沉思中出来,面对你的第一句问话,人家说还是不说呢?

有的孩子不想回答,家长就来劲了:"你这孩子怎么这样呢?"甚至,有的家长在考场外就跟孩子争执起来了。这样的家长是不是太幼稚了?

第二天考完文综,女儿从考场出来,有点儿闷闷不乐。我没有马上劝她,而是让她先平静平静。

过了一会儿，我说："什么叫正常发挥？高考这4科，有两科发挥得比较好，有两科比较差，加起来就是你的正常发挥。前两场，你已经发挥得很好了。按照正常情况，即使后两场你都发挥得不好，也能代表你的正常水平。现在，你只有这一科感觉不理想。下午还有一科，如果下一科再发挥得好一点儿，那么你今年一定是超水平发挥！"

孩子期待地看着我，眼睛又亮了起来。

我又说："为什么高考期间就必须逼着自己每一科都是最好的？别说你了，谁也做不到！"

果然，下午的英语女儿考得也挺好。考完最后一科，她愿意哭就哭，愿意笑就笑吧，反正考试已经结束了，再也不会影响到什么。

有些家长看到孩子走出考场时一脸悲悲切切，赶紧说："没事，没事。不用着急，下午好好考就行了。"也许你已经说了几百个"没事"，孩子都麻木了，没有任何反应。孩子最害怕什么，最担心什么，家长应该有一个大致的判断，这样说出的话才更有针对性，才能解脱孩子"最深的痛"。

高考成绩单下来，女儿的文综确实考得不大好，但是另外3科成绩都比平时上了一个台阶。所以，女儿的总成绩达到了645分，属于超水平发挥，毫无悬念地考入了北大。

在孩子最后一搏时，家长的每一句话不可不慎。

● 家长"规定动作"五：三封"锦囊妙计"书信，为孩子加油打气

我在沂水一中教高三时，班上有个学生叫王玉国，因为高考发挥失常而落榜，加入了复读的行列。第二年，他再度应考，打了一个漂亮的翻身仗。后来，王玉国跟我谈道："针对自己心态不稳的弱点，设想自己考试发挥好和不好时需要哪些劝导，提前给自己写了

一些信，需要时就打开来读一读。"就是这些信，陪伴王玉国度过了"黑色七月"。

　　这件事对我触动很大。我想，这些信要是出自家长之手，岂不是效力更强？于是，女儿高考前，我提前准备了3封信，根据她的性格、长处、临场发挥来下笔，预计她考试时可能出现的不同状况，提前写好，装进信封里。然后，我分别在考前、考中、考后这3个时段，观察她的表情，适时地发送一封。女儿戏称这3封信为老爸的"最高指示"。三国时诸葛亮有锦囊妙计授予手下大将，我也能送给女儿激励锦囊、打气妙计。我对她说："看了我这3封信，即使某一门考得不理想，也要叫你热血沸腾，士气大涨，最后成绩能不好吗？"以下是当时写的3封信，我呈现给大家。

## 第一封信（考前）

　　听说你因为昨晚没睡好而有些压力和负担，其实不必。

　　其一，高考在即，几乎所有考生都睡不好觉，睡好了倒是反常现象。可是，别人都能轻松对待此事，你却有些压力，由此说明，你的压力不是来自于"没睡好"，而是心态出了状况，而心态是可以调整、可以选择的。

　　其二，前一段时间你已进行了较充分的休整，贮存了相当的精力，即使昨晚睡得少一些，也完全可以保证你的专注度。

　　其三，进考场前半小时喝杯浓茶，答卷时就开始发挥作用。面对着考卷下发的神圣时刻，你一定会紧张，再有茶的助力，你就会迅速兴奋，投入考试，一口气就到收卷了，不会出现思维迟钝的现象。

　　其四，上午考完后，离下午的考试还有3个多小时，你抓紧吃午饭，争取中午多睡一会儿，下午的精力又能得到充分保证。

只要过了第一天，高考的神秘感尽失。你会发现，后面的考试其实就是平时的测试。等你的好消息！

### 第二封信（考中）

如果你感觉有一门考得不太理想，忐忑不安，别沮丧。我教过好多学生，考完之后哭哭啼啼，硬说自己一塌糊涂了，成绩一出来，分数却挺高。你看，白白流了一场眼泪！说实在的，高考题目设计得挺好，由易到难，最能体现一个学生的综合素质，要想发挥失常，还真不容易。当你做题卡壳了，或者出了考场才发现自己因为粗心造成了某些失误，完全不用懊悔。你要相信，有很多不如你的学生，他们考后的感觉比你更差。记住：高考不需要100%发挥。

如果你感觉考得太棒啦，一切得心应手，那么祝贺你，愿你势如破竹，一直这么尽兴地发挥下去。但是，请不要掉以轻心。高考是一次选拔测试，水涨船高，90分可能是好成绩，120分也许倒平平。你难他也难，你易他也易。

总之，忘掉上一场考试吧，回家好好睡一觉，下一场你一定可以考得更好！胜利正在向你招手！

### 第三封信（考后）

恭喜你，我亲爱的宝贝。随着这场考试的结束，你已经完成了送给自己最棒的成人礼。当你走向美好的未来，当高考的记忆逐渐遥远，你是否还会想起这段充满欢笑与泪水、成功与失败、幼稚与成熟的经历？当雄鹰展翅高飞、当勇士奔向征程、当英才大展宏图时，你可能看不到我这双为你的成功而骄傲的眼睛，而我对你的祝福，会伴随你的一生。

这样的高考励志信，各位家长也可以模仿，用心写给自己的孩子。

## 做好准备，从容应考

家长做好自己的那份工作还不够，更要提醒孩子做好自己的那份工作。不过，这个提醒是有技巧的，有些家长啰里啰唆、唠唠叨叨，孩子根本听不进去，还容易让孩子烦躁，由此影响了孩子的心情。所以，我总结了一套考生"规定动作"，家长把这些"规定动作"的要点提醒到了，该提醒的也就差不多了，剩下的就是相信孩子的实力，让孩子自己好好发挥吧。

● 考生"规定动作"一：定点突破

对考生而言，高考时的基础题目不丢分、已经掌握的内容稳定发挥，这就是高考的"规定动作"。完成这个"规定动作"，至少可以保证考生正常发挥；在完成"规定动作"的基础上，再完成一些"自选动作"，就可以称之为超常发挥了。高考能超常发挥的人少之又少，所以，考生只要能做到正常发挥，就等于占据了绝对优势，必能决胜考场。

首先，考生要确保自己会的题目不丢分，这就要求我们在高考临近时，让学习从"全面学习"变为"针对性学习"。

在距离高考还不到30天的时候，北京一个考生来找我，诉说他学习数学的苦恼。

我问："你在正常情况下，数学能考多少分？"

他说："一般也就在75分左右。"

高考数学满分是150分，数学考70来分的学生，他可能连一些数学的基本概念都没有弄清楚。

我说："那么，你今年高考数学的目标是多少分？"

学生回答:"我数学能够得80分,就谢天谢地了。"

我告诉他:"既然你今天来找我,我可以负责任地告诉你,今年高考我能让你的数学成绩达到100分。"

他一脸怀疑:"真的吗?20多天,我的数学就能达到100分?"

我说:"完全没问题。从130分提高到140分,这中间虽然只提高10分,可要付出的代价太高了。但是,从70分提高到100分是一个很简单的过程。你只要按照我的思路去做,我能保证你今年高考数学过100分。"

这位学生连连称好。

我继续说:"一张高考卷子,考题的难易程度比例是3:5:2。30%的是基础题,50%的是中档题,20%的是难题。那么,30%+50%=80%,80%×150=120分,所以,高考里有120分是中档偏下的题目。你只要大量地做好模拟练习题,熟练地掌握基本知识点,120分是每一个智力正常的学生都能得到的。反过来,如果一个学生高考得不到120分,不是智力不高,也不是做题量不够,很可能是把会做的题做错了。我经常和学生们说'你看有些人傻不傻?他迅速地把会做的题做错,然后腾出大量的时间,去啃那些他不会做的题'。所以,你现在要解决的问题就是:该拿分的题确保拿分,决不放弃;该回避的题迅速砍掉,决不浪费时间和力气。"

他被我说得直乐:"王老师,那我具体该怎么做呢?"

我说:"就按我们的目标,以高考数学得100分来布局。能够拿到100分是个什么概念呢?第一,8个选择题你可以错1个,你能做到这一点吗?"

他摇头,不自信地说:"做不到。"

我说:"好,先从这里开始练。你先横向把38套全国各地的高考模拟试卷中的选择题从头到尾做一遍,突击训练。咱别讲速度,你可以花两个小时做10道选择题,但是你必须保证命中率,做一个,对一个;做不对就重来,翻书或请教老师和同学。只要每一题你都能做到来龙去脉烂熟于心,我担保3天之内,你的这道选择题就过关了。填空题你也这么练。"

他说:"然后呢?"

我说:"后面6个大题,第一个题是三角函数,一般是12分,能不能保证得满分?"

他说:"这个题我会做,只是有时候得不了满分。"

我说:"那就多训练,得满分。还是练习38套模拟试卷,只做三角函数。还是那个原则——不追求速度,也不追求数量。你争取做一个题目,就拿一个满分。做上10个题,你的高考三角函数就过关了。"

再往下,我问他:"概率题有问题吗?"

他说:"概率题好像问题也不是太大,但时不时地也出一点儿小错误。"

我说:"那就跟三角函数一样,训练得满分。"

他胸有成竹地点点头。

我这样说,就是要让学生感觉到:第一,他需要做的事不多;第二,他需要做的事也不难。

这些事他应该做也能做,但过去为什么没有做好呢?因为他不知道该抓哪里,更不知道怎么抓!脑子里一片混沌,没有一个清晰的思路。

我跟学生就这么一道题一道题地看,一分一分地算。

我又问他："最后几道题，相对难一点儿，你看哪些部分还能做一点儿出来？"

他想了想："我觉得立体几何的那个题，我还行。"

我说"好了，咱们就主攻立体几何。这一阶段，你把立体几何的内容从头到尾梳理一遍，从38套模拟题中挑出10道，一个一个地练熟、做透。"

我又问："最后那道大题可能不行了吧？"

他回答："解析几何那道题，第一个问题还行，第二个问题肯定不行。"

我说："那我们就做第一个问题。其他的题，从现在开始，我们不要它了。看都不看，你能做得到吗？"

他说："能。"

经过对每一个得分点的细细分析，我给学生规划出高考数学100分的方案。

我说："你觉得这样做难吗？"

他说："不难。"

结果，这个孩子今年考上了中国传媒大学。考完了，他告诉我："王老师，您相信吗？我的数学考了110分。"

离高考还有20多天，一个数学只有70分水平的学生，我给他一规划，数学就考了110分。他是考艺术门类的，数学一旦上来，占据的优势更是不容小觑。

那天给学生辅导完数学，我又追加了一句话："别的学科也按照这个方法来做。"虽然各科学习方法不同，但是考试的策略、方针是一样的。知道一个学科的做法了，其他学科依此类推。每门增加20

分，你说这个进步有多可观？

每个人都应有一个大致的目标，把此目标分解到各个学科，便大体知道自己在每个学科中应得的分数，据此分析自己的差距在哪里，问题在哪里。我常说："考前讲两个小时，我能让你的成绩提高20分。"大家都觉得不可思议。但是，每当我给一个学生辅导完了，把那些细节"秘密"告诉他们，在离开这里的时候，他们都自信能稳操胜券。因为，学生们得到的不仅仅是技能，还有信心。信心一足，效率一高，他们就不仅仅是提高20分了，最后的成绩往往能超出我们的预期。

所以，**考前复习就是要在短时间内，目标更明确，重点更突出，定位突破**。面对一张试卷，学生要有这样的信念：肯定能过关的，好好做！千万不要似是而非，摇摆不定。在熟悉的地方重复来重复去，在超难的地方冥思苦想。这不仅浪费时间，而且会造成一种挫败感。那些平常会、但总得不了满分的地方，往往是一个突破点，潜藏着很大的提分空间。这才是我们考前复习的重点。容易题不丢分，中档题多得分，难题能得分，这就行了。两小时20分，就这么提上去了。

● 考生"规定动作"二：夯实基础

除了自己已经会做的题目之外，还有什么是可以被称为"规定动作"的呢？毫无疑问，是基础题。基础题通常都是通过教材上的定理、公式、概念等，不用经过太复杂的思维或推导，就可以比较容易得出结果的题目。高考中如果因为这样的题目丢分，没有人会觉得不冤枉吧？而且，如果能把基础知识理解运用得足够熟练，说不定还能成为解开难题的"关键钥匙"。

常小玥是我的一个学生，平常特别开朗，总能听见她嘻嘻哈哈的笑声。她在高考前有一次愁眉苦脸地来找我。

我一看她这个状态，忍不住打趣她说："哟，我们的疯丫头也有皱眉头的时候呀？"

经过我这么一个玩笑，她的眉头倒是舒展了不少，说："王老师，您别打趣我啦，您可得帮帮我，马上就要高考了，我最后这道题总是解不出来。"

我说："你既然知道马上就要高考了，就不要再在难题上浪费时间了，即使会做了，这么短的时间，你消化得了吗？弄个一知半解模棱两可，到考场上还是不会做，等于是在浪费现在宝贵的时间。"

她说："那我做不出来，心里老放不下，怎么办呢？"

我说："你要是耿耿于怀，又怕耽误接下来的时间，我倒是有个两全其美的办法你可以试一试。"

"什么办法？"她追问。

我说："这道题是双曲线的题对不对，你先别管这道题，你把双曲线的基础知识点仔细地过一遍，再把我让你们每个人都准备的错题本里关于双曲线的题目反思一遍。这些基础工作做完以后，你给我讲讲双曲线的知识架构、出题套路，咱们再回过头去看这道题，好吗？"

"没问题！"她爽快地答应了。

晚自习的时候，她来找我，给我讲了一遍双曲线的基础知识，我一看她讲的是那么回事，就让她再去试着做一下上午没做出来的那道题。

她琢磨了一会儿，惊喜地说道："老师，我好像有点儿思路了！"

我鼓励她："那试试看。"

她开心地做了起来，中间虽然打了两个"磕巴"，我稍加指点，她就顺利地完成了这道难题。

看她正开心，我赶紧趁热打铁地嘱咐道："在这个阶段，拼命地钻难题并不可取。如果一定要钻，就把难题化简，把相关基础知识过一遍，以往相关错题过一遍，难题很有可能会迎刃而解。即使难题依旧无法解决，复习的那些基础知识也有助于解答基础题，不会耽误时间的。实在太难的题，我建议放弃，你明白了吗？"

"明白了，老师！"她自信满满地走了。

高考成绩出来那天，我第一个接到的就是她的电话，向我报喜，说她的数学成绩是史上最高水平。

**所以，考前考生回归课本、夯实基础知识是关键，绝不能以单纯的做题来替代针对性的复习。** 学习重点要放在查漏补缺、总结经验教训、知识点梳理和整体回顾上，在头脑中形成比较清晰的知识结构图，对各科复习提纲的回顾以及对以往错题的反思等，都有助于考试时知识的再现和思路的打开。

如果觉得不做题就不踏实，一定想做点儿题，那么我建议学生从以下两个方面去着手。

第一，要回顾基础题。

课本基础知识是高考的立足点，很多题目本身就是课本知识的直接应用或简单拓展。即使那些有一定灵活性的难题，也是由数个基础题叠加延伸而来。如果学生的基础题目还有一些漏洞，或者掌握得不够熟练，就很有可能使他失去宝贵的分数。在回顾基础时，要抓住学科主干知识，抓住实用知识。高考立足点不在于掌握知识的多，而在于把握高考切入点的准，因此应以回顾基础题为主。学生可以借助以前对知识点的归纳，最好是借助现成的小册子。

第二，要重温做过的习题。

最后一阶段的重点应是查缺补漏，学生可以把以前做过的习题特别是做错的习题再看一遍，看看现在是否会做了；学生也可以浏览那些带详细解答的高考模拟题、高考真题等。通过这一过程，学生可以加深对复习过的知识的印象，不懂和遗忘的知识得以重新掌握。

● 考生"规定动作"三：淡定答题

前期的所有准备，都是为了上考场这一刻而做的。学生的应试技能，与考试成绩紧密关联，动作规范才能超水平发挥。所以，学生考前要有意识地加强考试技能的培养，以做好充分的考试准备。

第一，进入考试阶段先要审题。审题一定要仔细，一定要慢。我发现数学题经常在一个字、一个数据里边暗藏着解题的关键，这个字、这个数据没读懂，要么找不着解题的关键，要么你误读了这个题目。在误读的基础上来做题，可能感觉做得很轻松，但这个题一分不得。所以，审题一定要仔细，一旦把题意弄明白了，这个题目也就会做了。会做的题目是不耽误时间的，真正耽误时间的是审题的过程、找思路的过程，只要找到思路了，单纯地写那些步骤并不占用多少时间。

第二，一定要培养自己一次就做对的习惯。现在有些学生，好不容易遇到一个会做的题目，却快速地把会做的题目做错，争取时间去做不会做的题目。殊不知，前面的选择题和后边的大题，难易差距是很大的，但是分值是一样的，有些学生以为前边题目的分数不值钱，后边大题的分数才值钱，不知道这是什么心理。所以，我希望学生在考试的时候，一定要培养自己一次就做对的习惯，不要指望腾出时间来检查。越是重要的考试，往往越没有时间回来检查，因为题目越往后越难。你可能会陷在那些难题里面出不来，当你抬起头来的时候老师已经开始收卷了。

第三，要由易到难。一般大型的考试是要有一个铺垫的，比如说前边的题目，往往入手比较简单，越往后越难，这样有利于学生正常的发挥。曾经有一年的高考，数学第一个题就是一个大题，很多学生就被吓蒙了，于是整个考试考得一塌糊涂。因为这样一些"事故性试题"的出现，不能让学生正常发挥，所以以后的高考命题一般遵循由易到难的规律，先让学生慢慢地进入状态，再去慢慢地加大难度。有些学生自以为水平很高，对那些简单的题目不屑一顾，所以干脆从最后一个题开始做，这种做法风险太大。因为，最后一个题一般来讲，难度都很大，一旦卡了壳，不仅耽误时间，而且心情也受到很大的影响，甚至影响整场考试的发挥。当然，"由易到难"并不是说从第一题一直做到最后一个。以数学高考题为例，一般有3个小高峰：第一个小高峰出现在选择题的最后一题，它的难度属于难题的层次；第二个小高峰是填空题的最后一题，也是比较难的；第三个小高峰出现在大题的最后一题。我说"由易到难"，是说要把握住这3个小高峰。

第四，控制速度。平常有学生问我："我在做题的时候多长时间做一个选择题，多长时间做一个填空题，才是比较合理的呢？"我觉得这个不能一概而论，应该说平常用什么样的速度做题，考试的时候就用什么样的速度，不要人为地告诉自己，考试的时候要加快速度。其实在考试的时候，考试做题的速度要是和平常训练的速度差距比较大的话，很可能导致做题质量下降。一场大型的考试，学生会做的题目本身就那么多，如果加快速度，结果把会做的题目做错，而腾出的时间去做后边的难题，又长时间地解不出来，那么可能造成会做的题目得不着分，不会做的题目根本不得分。不要担心"做慢了，做不完"，而要把握住一点：一个学生在考试中，如果始终在自己会做的题目上全神贯注的话，这场考试一定是正常发挥的，甚至是超水平发挥的。学生一直投入到会做的题目中，按照他平常训练的速度，踏踏实实地往前推进，即使发现时间到了，后边还有题目可能会做但来不及了，我也不认为这是一个令人后悔的结果。最后，结果出来，学生会发现，他最后得到的分数往往会比他的实际水平要高。所以，在考试的时候要控制速度，我觉得这是考试技巧的一个很重要的方面。

第五，根据学科的特点抓住得分点。考数学时，有的学生考完以后说某个大题能得满分，结果却并非如此。一个大题12分，结果这儿扣点儿那儿扣点儿，最后只能得个八九分。学生还觉得挺委屈的，这个题明明会做，怎么被扣分了呢？其实是过程出问题了，数学解题的步骤是有分数的，而且这个分数还有比较明确的界定。在考试的时候，学生一定注意这些学科评分的得分点。比如，让学生求出一个椭圆的方程，他可能不会求，但他只要写上"解：设所求椭圆的方程为$\frac{x^2}{a^2}+\frac{y^2}{b^2}=1$"，就很可能得1分，这1分几乎是不需要任何付出的。在解数学应用题的时候，学生做完了，应写上"答：以上结果是××"，要是没有这句话就要被扣分了。

第六，不会的也能得3分。大型考试最后的那个难题可用4个字概括——防不胜防。这不是正常人做的题目，正常人也别指望在这个题上能够有多大的收获。因此，在高考时，学生不必费力去做最后一题，但绝不是说这个难题就不能得分。学生应该有什么心态呢？"反正最后这个题，我也不想做你，那我还怕你吗？"无知者无畏，学生这样想，反而就有勇气了，"我也不要求多得分，能得个三四分就行了。"解出来比较难，但要想得三四分还是比较容易的。因此，对于此题，找出题中的已知条件，设好未知数并写上"解"列出来，三四分就向你招手了。我在平常训练学生的时候，有一句话就是"不会也能得3分"。

第七，防止慌场。在考试的时候，本来以为某道题对自己来讲难度不大，结果一看，当头一棒，怎么也找不着感觉，干脆把这道题放过去；再看下道题，发现下道题更难。连续碰上几道这样的难题，心里就慌了。这一慌，脑子出现一片空白，本来会做的题目也不会做了。这种现象我们称之为"慌场"，几乎每个学生都会遇到这样的现象。学生在高考时真遇到这样的状况，先闭目沉思，然后深呼吸，控制自己的情绪，心里就这么想："反正这一场考试已经这样了，我也别着急了，能做出一个是一个，也许我先把最简单的题目做出来，心态就平和了，头脑就冷静了，再回过头来看刚才那几道题，就找到思路了。"所以，先把前面遇到的那几道题放弃，去看其他题，而且在看其他题时，也别指望有大的收获，这样很容易冷静下来，可能很快又找着感觉了。最重要的一点是，学生应该这样想："同样的老师、同样的教材，这个题既然我不会，其他同学也不会轻松的，大家都是公平竞争。"这样一想，不就不慌了吗？

第八，考完以后千万别急着离开考场。考完试之后一定要检查一下：名字写了没有？试卷集中了没有？一卷、二卷是不是都交齐了？很多考试（包括高考），经常会有老师把学生的卷子收走了，却把答题卡落下了，或者本来5张试卷，只收了4张。有的考生考完了，把卷子放到桌面上走了，结果下一场来考试的时候，他突然发现还有一张卷子没收。这还是比较幸运的，交给老师以后，学生大不了受点儿处分，毕竟卷子还没丢。但是，学生仔细想一想："要是我下一场考试没发现落下试卷，5张卷子，我只交了4张卷子，受损失的是我自己。"所以，考完试以后，学生不要急于离开考场，要确认该交的卷子是否都被老师收走了之后再离开。

● **考场4大"注意"**

我带过很多届毕业班，有4句话是我在每一届学生临考试前，都会嘱咐他们的。虽不能称之为什么制胜法宝，但这4句话至少可保孩子们安安稳稳地度过高考这两天，不会受外界因素干扰。

第一，进考场之前，必须先去一趟卫生间。

也就是说，孩子的进场路线是：从考场外面进入卫生间，从卫生间再走进考场。如果考试的时候想上厕所，那是相当纠结的。耽误时间不说，从想上厕所开始，就没法好好考试了。"怎么办？我能不能坚持到考试结束啊""会不会影响我的考试成绩呀""我申请上厕所能被同意吗"，这些问题会一直困扰着他们，怎么能不干扰答题！当孩子终于受不了折磨申请上厕所回来后，又会被新一轮的煎熬淹没："我刚耽误了这么久的时间，会不会做不完题了呀？"与其这么痛苦，不如先解决后顾之忧。

第二，见了同学和老师微微点头，不要交谈。

考生需要适度的独处，和外界保持一定距离。这一点，很多老师、家长都不明白。有一次，我跟一位女老师带队到八一中学参加高考。这个老师自己也很紧张，巴不得学生们一个个超水平发挥。看到一个学生，她就来了一句："你可别像上次考试一样，犯那种低级错误！"学生一听，立马就蔫了，有点儿委屈，又有点儿气冲冲，一副要哭的样子。孩子要进考场了，为什么还提这些让他不愉快的事呢？我站在一旁，生怕学生考试状态不好，想说几句话，缓解一下他的心理压力，可又不能让这位老师看到。

终于，我瞅了一个空当，悄悄地拉住这个学生，说："别影响你的发挥，重要的是相信你自己，什么困难都可以过去的！"

学生很感激地点了点头。

曾经有位学生向我抱怨说："王老师，不是我要跟老师和同学交谈呀，是他们先跟我说话，我总不能不理他们吧？"

遇到这种情况怎么办呢？我建议直接表达："对不起，我现在有些紧张，我们等考完试再聊，好吗？"相信老师和同学不会怪你的。

第三，发试卷后别急着答题。

试卷发下来了，学生写上考号、姓名，接着就开始浏览、审题。大部分学生从第一个选择题开始看，提前进入答题状态；更优秀一些的学生可以先看最后的大题，语文和英语看看作文题目是什么。如果一看，题目好像难度不大，似曾相识，说明这场考试好应对，心态就好起来了。甚至在这些题里，还有某一个题特别简单，特别熟悉，他完全可以先做完这道题。所以，每一种战略战术都有它的适应性，而这5分钟，正是你布局的关键时间。

我是教数学的，我一般要求我的学生一拿到数学卷子，不要看选择题，不要看填空题，而是先看后边的6个大题。这6个大题的难度分布一般是从易到难。我们为了应对这样的一次考试，提前做了大量的习题，试卷上有些题目可能已经做过了，或者一目了然，感觉很轻松，我建议先把这样的大题拿下来。大题一般12分左右，这12分如囊中取物。特别是要看看最后那个大题，一看那个题目压根儿就不是自己力所能及的，学生就把它放弃，想着后边只有5个题。这样在做题的时候，就能够控制速度和质量。如果学生对倒数第二题也没有什么感觉，可能这个题出得比较难，那么现在最好的做法应该是：把前边会做的题目踏踏实实做好，不要急于去做后边的题目，因为后边的题目非已所能，不必强求。

第四，考后不要互相对答案。

很多学生考完以后，喜欢互相对答案。确实，学生刚刚考完，他们对每一题的答案，都是印象深刻的。根据我多年带考的经验发现：越是主动找别人对答案的学生，最后考试成绩越是不理想。他为什么迫不及待地把这个答案说出来？是因为他觉得自己考得不好，或者模棱两可，心里没有底，才赶紧把自己的答案"张扬"出去。就好像我们走夜路大声唱歌一样，其实是一种自我壮胆。

那些主动提供的答案很有可能是错的，而一旁听答案的其他学生不可能不受其影响。比如，这个题的正确答案是"6"，可有一个同学说，我的答案是"16"，做对的学生一听，我怎么是"6"呀？是不是我哪里做错了？心里难免七上八下，甚至拼命回忆，重新演算，总想弄明白是非曲直。可是，答案容易记清楚，题目就很难复原了，只要一个条件记忆有误，结果就会发生变化。这样患得患失，必然影响到自己后面几门科目的考试。每年中考、高考，做错了题的人把做对了题的人弄得很心烦，这样的事件屡见不鲜。

  一场大型考试，孩子们如果能注意这4点，学会基本的应对策略，一般都会很平稳地发挥出正常的水平。

## 家长的焦虑不要转嫁给孩子

面对日渐临近的高考,很多家长比孩子还紧张,各种困惑和焦虑扑面而来。他们或担心孩子进入不了复习状态,或害怕孩子心理素质不好影响高考发挥,或询问有什么技巧能让孩子在备考期间大幅提升成绩,或因孩子敏感、焦躁难以沟通而懊恼。

在父母眼中考生们诸多"不正常"的表现,一方面表达了家长想帮助孩子在高考中取得成功的急切心情,另一方面也透露了家长对孩子高考的过度焦虑。家长焦虑的心态又往往影响着孩子们的情绪,稍不留意或处理方法不当,都有可能帮了倒忙,结果与家长的美好愿望背道而驰。所以,在孩子高考冲刺阶段,家长和孩子的心理调节是非常重要的,其中家长的心态调节更为关键。

针对家长不同的焦虑症状,也有着不同的解决办法。

● 焦虑症状一: 对孩子的期望不切实际

山西高三女生肖瑶,在劳动节放假期间给我写来一封长信。她所在的高中是当地一所不错的学校。在学校,她各方面表现得十分优秀,学习能力强,一直担任班长和学校学生会主席等职务,还被评为市级优秀学生干部。进入高三,她自己也是憋着一股劲,积极调整心态。她总结了自己在学习上存在的一些问题,确定了明确的学习目标,制订了周密的复习计划,希望通过最后一年的拼搏,能够进入理想的大学。肖瑶感觉自己的学习状态一直比较好,几次模拟考试成绩也始终保持在年级五十名左右。

可随着高考的临近,肖瑶越发感觉自己难以集中精力复习,头脑恍惚，入睡也很困难。前期复习过的内容突然感觉什么都不会了，而看到其他同学全身心地学习，自己内心更是慌乱。为什么会突然出现这种情况？原来，家长前段时间明确给她提出，因为优秀班干部可以加分，所以认为她完全有能力冲刺重点大学，最起码也要上山西大学。而肖瑶认为，根据自己的实际水平和学校往年的升学情况，这个目标对她来说是有很大难度的。她给家长解释这些，家长却认为她没有追求、在给自己找退路等。劳动节放假在家，父母又因为这件事情不断唠叨，于是她跟母亲大吵了一架。她现在感觉自己简直就要崩溃了，甚至都不想学习了。

　　案例中的肖瑶在考前复习中出现的种种表现，其实也是绝大多数考生在考前容易出现的一种不良反应：心理紧张、焦虑、头脑一片空白，导致学习效率严重低下。同时，她父母过高的期望和有意无意的施压，更加重了她的这种反应，使她久久地陷在里面不能自拔。肖瑶本来是一个很优秀的孩子，考上重点大学对于她来讲并不是一个遥不可及的目标，可如果家长或周围的环境给她过大的压力，反而会使她离重点大学的目标越来越远。肖瑶家长的要求是她必须考上重点大学，如果实现不了，就对她全部否定，这是孩子无法接受的。在我们周围，高考之前，孩子因为心理压力过大而出现异常行为的现象时有发生，这是非常令人痛心的。

　　那么，家长该如何做呢？

　　首先，家长要想减轻孩子的压力，就要先减轻自己的压力。有的家长不仅操心孩子的衣食住行，操心孩子的高考志愿，甚至还要操心孩子明天上什么课。家长不停地对孩子嘘寒问暖，甚至问一些无关紧要的问题，这无形中就给孩子创造了一种紧张的气氛。家长真正该做的是放平心态。要知道，高考的确是孩子一生的一个重要关口，但它并不是孩子人生的全部。一个健康幸福的人生远比一个名牌大学的文凭更重要。更何况，情绪过于紧张反倒可能使孩子离理想大学越来越远。如果家长能够平静地对待高考，那么孩子就更容易获得心理上的平静，也就能够更从容地去迎接挑战。

其次，不要给孩子制订"唯一"目标，考前尽量不要跟孩子谈论报考什么大学、什么专业，可以试着谈论一些孩子感兴趣的话题。比如，对于肖瑶的家长来说，当前至关重要的是：跟孩子一起客观、正确地分析孩子的实力，确定一个最适合孩子的目标，积极帮助孩子调整心态，保持适当的学习节奏，一切顺其自然！在孩子面前表现得自信、轻松，会让孩子也随之放松下来。相信孩子在高考中会有一个不错的结果。

另外，家长也可以安排一些使孩子精神放松的活动，这些表面上看是浪费了一定的时间，但实际上它可以缓解孩子因长期学习造成的身体疲劳。同时，这也能使孩子的注意力不只盯在高考这个目标上，对减轻他的心理压力有着非常重要的作用。

● 焦虑症状二：一切以孩子为中心

十年寒窗，孩子前期付出的种种努力能否有一个圆满的结果，家长和孩子仿佛把宝都押在了高考上。随着高考日益临近，家长都希望在关键时期能够最大限度地帮助孩子，为孩子做更多的事情。

不少考生家长认定，孩子成败在此一举，请假、辞职陪伴孩子复习、迎考的家长大有人在。我也曾为女儿的高考费尽心思，对家长们的行为和心情完全能理解，这一定程度上也是目前我国教育制度和社会现实使然，高考"指挥棒"的作用在家庭中发挥得淋漓尽致。

孩子高考是全家的头等大事，家长总认为只要把好这一关就大功告成了，而往往这样安排的结果不如意，孩子可能全然不领会家长的良苦用心，其成绩也与家长的付出不成正比。我收到的邮件中有不少这样的事例，家长们非常苦恼！

其中，一位河南的母亲讲述了自己的烦恼。

这位妈妈20世纪80年代中期曾两次参加高考，均落榜，最后不得已做了一名国营商场的营业员。繁忙之余，她把更多的精力放在了孩子的教育上。妈妈希望女儿将来能够考入名牌大学，替她圆了大学梦。孩子非常懂事，常帮父母做些力所能及的事情，学习成绩也一直名列前茅。

去年暑假开学后，为了能够让女儿全身心地投入到高三的学习中去，妈妈就全职照顾孩子的生活。刚开始孩子感觉这种安排挺好，母女相处十分融洽，孩子信心十足，学习也很投入，第一次预估考试成绩达到一本线。

经过与学校老师沟通，老师们普遍认为：孩子只要能保持目前的状态，冲击重点大学的希望非常大。于是，妈妈更是全力以赴，耐心地帮助孩子：一方面，她密切关注孩子的一举一动，悉心照顾其生活，每天按照营养专家建议并结合孩子胃口准备可口的饭菜；另一方面，她对孩子的学习也是责无旁贷，抽空就在网上搜集学习资料、高考状元的考试经等。可以说，家中一切安排都以女儿为中心，电视也被尘封了起来，甚至在孩子学习时家人都要压低音量说话。

可渐渐地，母亲却发觉女儿变了，情绪变得极为不稳定。父母只要提及学习、考试等字眼，孩子就大吵大闹，甚至叫嚷着不想参加高考了。妈妈在女儿面前只能更加小心翼翼，赔着笑脸，唯恐稍不留意扰乱了孩子的学习心情。

女儿的最后一次考试给了妈妈当头一棒，成绩落到了接近二本线。丈夫看到妻子对女儿的过分迁就以及女儿下滑的成绩，不断抱怨妻子，夫妻俩争吵不休，家庭生活失去了往日的和谐，女儿的成绩更是一落千丈。

像案例中描述的状况不在少数。高考生心理本来就不够稳定，过分的关注只会给他们增加无形的负担和更大的压力，也直接影响到家长和孩子的沟通。另外，孩子的考试成绩俨然成了家庭和谐的晴雨表，因此孩子的情绪越发紧张，从而影响其正常复习乃至高考的正常发挥。

虽然说，家长的所作所为都是为了能给孩子支持和帮助，可方式、方法不同，效果也会大不相同。家长究竟怎么做才能更好地帮助孩子呢？以下几点建议可供家长参考。

第一，用平常心看待孩子的高考，不必过于执着。

父母不要期望儿女来实现自己未竟的愿望，这本身对孩子不公平，结果也往往事与愿违。上述案例中的妈妈对自己当年高考的失利总是难以释怀，甚至视为自己人生的一大遗憾，于是错误地将个人未酬之志强加在孩子身上，孩子背负了太多东西，行走起来便会很沉重。人生之路处处是考场，高考只是人生中的重要考验之一，也许成功，也许不尽如人意，但我们相信经过高考的历练，孩子也能成熟起来。

第二，营造和谐的家庭氛围，尽量做到生活常态化。

一些家长不解："我们并没有施加压力，但孩子依然很紧张。"其实，孩子压力的一部分源于家庭环境的影响，其中影响最大的当然是家长。当备考成了全家生活的重心，孩子是敏感的，因为父母的焦虑和压力是掩饰不住的，这种"被关照"给孩子无形中增加了巨大的压力。所以，家长对孩子的关心要适度，尽量维持生活原状，给孩子提供常态化的学习和生活环境。

第三，接纳孩子的现状，保持良好的沟通和交流。

学习的状态和习惯不可能在短期内改变，家长指望孩子的学习方法和学习成绩在考前有大幅提高是很不现实的。如果父母能够无条件地尊重孩子、接纳孩子的现状，孩子就会有足够的底气和信心，从而以更平和的心态去学习。家长与孩子交流时，尽量不要主动谈论学习、高考等，更不要唠叨、指责孩子，这只会增加孩子的压力，让孩子更反感。另外，家长可以尝试使用肢体语言或书信沟通，适时拍拍肩膀，或送去温情的眼神，真诚地表达"只要尽力就够了"的意思。当孩子真切感受到了父母的关爱、理解和支持的时候，焦躁的情绪自然会缓解，自信心也会增强，在高考中他也将会有更佳的表现。

总而言之，家长要尽量顺其自然，为所当为，急不形于色。家长如果实在难以排解对孩子考试的紧张和焦虑，可以找亲人、朋友宣泄，或求助于专业的心理工作者，进行恰当的心理抚慰，这也是对孩子最大的帮助。

第四，正确引导孩子面对起伏不定的成绩。

进入复习后期，孩子每次模拟考试的成绩都会备受关注，有的孩子会因为成绩提高而高兴得忘乎所以，这很容易导致下一次考试成绩滑坡；有的会因成绩降低而苦恼，甚至从此一蹶不振。对于这两种情况家长都应该注意，引导孩子理性地看待起伏不定的成绩。对于孩子的进步家长要借机鼓励、坚定信心，也要不忘给孩子敲下警钟、防止骄傲。而对于孩子的退步，家长的工作更应做到位。出现问题是好事，值得庆贺，这样会及时发现孩子的薄弱点，抓紧补缺，防止将问题带到高考考场。换个角度来看问题，孩子不快的心情就会得到缓解，从而将懊恼的情绪丢掉，转入查漏补缺的学习之中。

● 焦虑症状三：改变孩子的生活常态

孩子要高考，家长跟着紧张。家长又不知道能帮什么忙，心里着急，于是就把心思都用在了改善孩子饮食上，把自己觉得好的食物、营养品一股脑儿塞给孩子，也不管孩子需不需要，适不适合。可怜天下父母心，父母的心情是可以理解的，但实际效果也许恰恰与愿望相反。如果饮食与平时习惯差别太大，或者搭配不合理，轻则学生会感觉身体不适，重则可能会出现拉肚子、尿频等现象，这将严重影响考试状况。

一位妈妈在金战热线中说着自己的担心："高考临近，我每天按照考生食谱安排饮食，还增加了一些健脑补品，可女儿好像并不领情，吃饭时总显得食之无味，特别是喝牛奶简直就像喝中药（孩子从小就不喜欢喝牛奶）。看到这情形我非常着急，担心孩子的营养跟不上高强度的学习需要，于是就每天强迫孩子吃光这些东西，弄得孩子现在茶饭不思，甚至出现了厌食的症状。"我赶紧回复她："马上恢复平时的饮食习惯，把牛奶改为孩子可以接受的营养饮品。"后来，孩子的状态果然慢慢恢复了。

我在女儿高考期间也犯过这个错误。女儿习惯喝茶提神，我又担心她茶喝多了，老往厕所跑。听人家说，咖啡顶用，一小杯能管一天。我寻思着："要不试试咖啡？"考试当天，我给孩子冲了一杯浓咖啡。谁知，孩子回来说："老爸，我是不是对咖啡过敏啊？今天考试我头有点儿发蒙。"所以，高考前，孩子过去没吃过、没喝过的东西，不要轻易让他尝试。这个东西对别人好，对你的孩子不一定适用。饮食最好保持规律，维持常态。

我在沂水一中工作期间，学生参加高考，家长们也很重视。他们大老远地从家里赶来，给孩子鼓劲。其中一个学生家长很心疼孩子，总觉得该带点儿什么好吃的给孩子补补。那时候，农民最高级的食品就是烧鸡了。在来学校的路上，这位父亲就在一个路边摊上，给孩子买了一只烧鸡。孩子见了烧鸡，别提有多开心，三下五除二就给消灭了。到了晚上，出事了，这孩子上吐下泻。我把他送到县医院，立即挂吊瓶，一直折腾到两点。第二天，学生的发挥远不如平时。闹了一夜，孩子怎么能不心慌身子软？有了这个教训之后，每届学生参加高考，我都要跟他们约法三章："高考之前，家长可以来看孩子，但是不能随便给孩子带吃的。凡是带吃的，必须先经过我的检验。"那只肇事的烧鸡，有可能是不卫生甚至坏的，也有可能没有任何问题，只是那个农村孩子从没吃过那么好吃的东西，狼吞虎咽地吃下去，胃肠不习惯，而惹了大麻烦。

还有些家长问我："目前市场上有很多针对孩子的补品，喝这个液，长脑子长智力；吃那个丸，提高学习成绩。这些东西好不好？有没有效？"我说："这些东西要是不造假的话，吃下去估计也就是没什么副作用，但你要指望它们帮孩子取得中考、高考的成功，那就是犯糊涂了。如果确实需要服用某些补品，也要做到适可而止。现在的孩子往往不是缺乏营养，而是营养过剩了。"

在学生考前刻意增加营养甚至进补并没有太大意义，因为营养摄取和知识学习是一样的，靠的是平时的积累，而且身体对饮食习惯的适应也是需要时间的，所以我不主张考前刻意加强营养而大幅改变原有的饮食习惯。当然，根据天气状况、孩子的身体状况和饮食习惯进行适当的微调还是必要而有益的。中考、高考前后的饮食，以我的经验，就是8个字：清淡可口、营养熟悉。如果天天吃补品、顿顿吃甲鱼，无形之中就给孩子带来了压力，令孩子感到似乎要考得非凡的成绩，才能对得起这碗汤、这顿饭。

为此，不少专家提出了合理化的建议，归纳起来有如下几条。

第一，多吃水果，少食油腻。

人在心理紧张时往往有厌食倾向，水果和蔬菜既营养丰富，又能缓解厌食及便秘。考生应保证每天吃约500克的水果，忌吃大量油腻的食品，可适当地吃些鱼、鸡肉、牛奶、鸡蛋等。

第二，多餐进补，忌食零食。

考生如果产生厌食感，家长可以把每日三餐变成每日四餐、五餐，同样可以摄取到一天所需的营养。大脑思维主要依靠的是葡萄糖，主食能转化为葡萄糖，这就需要每天摄取一定量的主食，忌以副食、零食代替主食。

第三，多喝开水，忌饮咖啡。

考生应多喝水，每天要保证1500~2000毫升的摄入量，切忌以喝饮料代替喝水，最好是喝白开水，矿泉水和纯净水也可以。充足的水分可确保血液循环畅通，这样才能及时供应大脑所需的氧。考试期间一定不要喝咖啡，因为咖啡因会使人尿频，影响临场发挥。

归根结底，家长朋友们一定要切记：**孩子本身就已经紧张了，家长再焦虑那就是火上浇油、忙中添乱了。**家长朋友们一定要控制好自己的情绪，不要焦虑。一旦家长和孩子都有了正常的备考心态，高考也就不是个可怕的事了。

## 老王独家：中国教改之走向

此前，山东省教育厅推出了一系列重大举措：把时间还给学生，把健康还给学生，把能力还给学生。其中包括：晚间、双休日和其他法定节假日不上课；早上统一起床时间，初中不早于7：00，高中不早于6：30。山东省副省长更表示了将这一举措落实到底的决心。号令一出，立即在教育界引起强烈反响，于是全省老师第一次享受到了一个真正的寒假，学生也过上了一个真正轻松的寒假。

山东的做法让人有一种如沐春风的感觉，所以我说："这一事件预示了中国基础教育的春天的到来。"

我从乡村的中学到首都的中学，从教几十个年头，也到欧美国家参观学习过，比较中西方教育，能看到二者有明显的不同。

西方教育的中小学阶段，主要以培养孩子的兴趣、爱好，培养良好的品德、心态，塑造阳光的性格为主，所以他们的中小学生课业负担很小，可以说是"玩着学"，或者说是"寓教于乐"，中小学生个性鲜明、健康活泼、兴趣广泛。学生们到了大学后才真正发力，开始拼命学习。这是因为西方大学的管理是相当严格的，标准也很高，有些学生课业修很长时间才能毕业。例如，剑桥大学每年都有20%的学生被淘汰。所以，我们看到，虽然英美的基础教育很宽松，但他们的科技成果却很突出。在中国，情况恰好相反，学生在中小学阶段被大量的、超负荷的，甚至很多是无用的、无聊的课业负担压得喘不过气来，拼了命考了个大学，本来是最该学习的时候，绝大部分学生想到的却是：我终于可以轻松一下了！

这便形成了中国独特的教育现状：学生在本来应该培养兴趣、爱好、特长、心态、健康的青少年时代，却被应试制度下沉重的学习累个半死，于是一切的兴趣、爱好、特长难以得到张扬，甚至被扼杀。到了最该学习的大学阶段，学生们却又使劲地放松了，尤其在一些只忙于扩张规模却疏于教学质量管理的学校里，大学生进门就等于上了"保险"——严进宽出，好歹能混个毕业文凭。这就不难理解我们为何离诺贝尔奖远，也就不难理解我国的高等教育质量为何一直得不到很大的提高。

作为人口大省、教育大省，山东的很多学校在过去也与全国其他学校一样，几乎把学生当成了学习机器，这当然也有些"人在江湖，身不由己"。在未来必须参与的生存竞争与当下国内应试教育的压力面前，大家都在"拼老师、拼学生、拼升学"，作为青少年应该享受的童年、童真、童趣几乎被剥夺，这是严重不负责任的。如今山东省政府统一管理，统一行动，统一管理标准，这对规范各校的办学行为是至关重要的，这件事必将在问题多多的基础教育界引起强烈反响。

立志于复兴中华的有识之士，都寄希望于中国教育的振兴，都在期盼中国基础教育的机制改革。让喊了多年的"减负"春风在体制上保证贯彻执行，不单单是减轻了学生们的书包，更吹暖了千百万童稚的心灵，照亮了他们快乐健康成长的旅程。

# 附录：王金战高考历险记

某年高考前，在我们班的最后一次主题班会上，我讲了一个故事——《王金战高考历险记》。唰唰唰，龙飞凤舞，我把这几个大字写在了黑板上。然后，我一声不吭地注视着台下。孩子们着急了，怎么老半天还没开讲呢？

我就问："想不想听啊？"

"想听！"回答得挺整齐。

"想听怎么没有动作呢？"我故意问。

啪啪啪，掌声雷动，气氛就出来了。

我开始给同学们讲我自己的高考故事。

我出生在军人之家，父亲是部队干部。本来父亲有机会把家安在城镇，但因为在3年自然灾害时期有过忍饥挨饿的惨痛记忆，父亲就执意把有7个子女的家安在了乡村，所以我一直在乡村长大。

我的小学、中学是在"文革"时期念的。那时候，学习环境差是事实，不过自己不用功学习，也是事实。那时候我很顽皮，天天被老师批评。一天不被老师批评，就觉得浑身难受。因为那时候没有过多的追求，在1977年以前，高考制度没有恢复，所以学习好和学习差没有多大区别。另外，因为我的父亲是转业军人、国家干部，而我是老大，按照当时的政策，老大不下乡，可以接班去父亲的单位工作。那是个很不错的单位，我上高中的目的，就是为了接父亲的班，所以我不必好好学习。班里50多个学生，我的学习成绩排名是在倒数第十名左右。

1977年，高考恢复了。我就觉得考大学这个事儿挺好、挺光彩的。原来上大学对咱们来讲，那是不可思议的事，都得靠推荐。到了1977年，我看见乡里有个地地道道的农村孩子考上了大学，心弦隐隐地被触动了。

转眼到了1978年的春天。一过了寒假，我们班主任老师就动员班里前5名的学生参加高考。于是，这前5名的学生就去认真准备了。那时，我是那种不知好歹的人，就去找班主任，对他说："老师，我也想考大学。"

班主任看我就像看一个外星人一样，是那种既鄙视又不想让你看出来的感觉。老师问："你也想考大学？"那种语气分明是在说："你在班里成绩排名都排在40名以后了，还想考大学？那大学是你考的吗？"

班主任的那种眼神，让我第一次知道了什么叫耻辱，什么叫被别人看不起。

如果不是后来发生的事，我可能永远与大学无缘。

后来发生什么事了呢？没想到的是，班主任把我要考大学的事，当成笑话跟班里前5名的同学们说了。那5名同学就取笑我、奚落我："你也想考大学？如果你也能考上大学，我们就都直接大学毕业了。"

他们这一奚落，一下子激起了我的自尊心。考大学怎么了？就你们能考，我为什么就不能考？我非考给你们看看！我发誓一定要考上大学。

那会儿已经是寒假过后，高二下半期开学了，那时候没有高三，高二就参加高考。我当时就开始看高二的书。我一看，这也不会那也不会，还没学呢？再等等看吧。后来，我发现不是那么回事儿。有一次回家，我把初中课本翻出来看，课本都是新的，而我不会的那些题，根本就不是高中的知识，都是初中课本里面能找到的知识，而我在初中压根儿就没有认真学过。

我动了一番脑筋，根据自己的情况，设计出了一套适合自己的学习方法。我把初一到高二的8本数学书串在一起。语文也是8本书，我把它们也串在一起。从初一的书开始，我一摞一摞地串起来阅读、做题。别人是一本一本地看，我是一摞一摞地看。

当时，我学到什么程度了呢？我们在学校住宿，学校晚上7点到9点发电，过了9点以后就停电了。你要看书，只能点煤油灯。我就找来一盏煤油灯。那时，我对学习已经到了痴迷的程度，每天学到很晚，也学得挺好，对学习充满希望，就觉得学习已经成了我生命中最主要的一部分了，不学的话就浑身难受，就像上了瘾一样。

我们那个校长很负责任，天天晚上都会在学校转一圈。他看这个房间亮着灯，一看是我，就把我赶走了。在宿舍，学校不允许点煤油灯，因为怕着火。那会儿睡的是通铺，通铺上全是沙草，很容易着火，所以学校严令禁止点煤油灯。但是，我的学习胃口已经被吊起来了。第二天晚上我照样在煤油灯下学，结果又被校长发现了，他就把我的煤油灯没收了。没收了我再买，第三天晚上我照学不误。看我一而再，再而三，校长生气了，他把我的煤油灯摔了，并责令我在全校大会上做检讨。

但是，回宿舍以后，我如果不学习，确实感觉是一种折磨。到哪儿学呢？那时候还没有路灯，我就到处找地方，终于发现了一个地方——地窖。农村学校有菜窖，白菜吃完了以后，那个菜窖空着。当我发现了这个地方时,我的内心充满了狂喜——我终于又有地方读书了!每天晚上,当同学们回到宿舍后,我就提着煤油灯到菜窖里面看书,一看看到半夜,那种感觉太好了,像鲁迅的诗里说的——"躲进小楼成一统,管他冬夏与春秋"。

记得有一天晚上,我在煤油灯下学到了深夜,突然狂风大作,几次把灯吹灭,之后便是雷电交加,而我感受到的却是一种奋斗的快乐,一种全情投入的充实。我禁不住写了一首诗,记录了当时的心境。

  闻鸡起舞夜枕戈,

  寒灯苦读人伴魔。

  青春飘动如逝水,

  岁月流金不蹉跎。

我就这么坚持学习。当年,5月份期中考试,我在班里考了第一名。期中考试后,我在班里听课,老师讲的内容我都会了,而我提的问题,老师也给不出答案。

就这样到了高考。那个时候,我们要到离家50里远的一个叫作马站中学的乡镇中学去参加高考。那里不通公交车,所有的考生都是自己背着铺盖卷,步行50里路,投入这样一场盛大的考试。当时,我们的乡镇有60个学生报名,其中,只有两个学生骑自行车去赶考。为什么要特别提出自行车?在我少年时代的农村,只要是能骑自行车的人,绝对是村里的少数,是让同龄人艳羡的对象。作为机关干部,我的爸爸当时就有一辆自行车。因此,我好不容易瞅着这个机会,决定骑着自行车去考场走一遭。

那一年的高考安排在8月。我从小几乎没得过病,谁知考试前两天晚上头疼,浑身烧得迷迷糊糊、不省人事。家里兄弟姊妹多,我病成那个样子，我妈也不知道。到了第二天清早，另一个自行车"驾驶员"——小万同学来约我赶考，我妈这时才发现我爬不起来了。第二天还得参加高考，我妈就硬拽着我到了赤脚医生家里。赤脚医生给我量了量体温，结论是我烧得厉害。鉴于马上要赶考，医生决定给我打针。那时也没有什么吊瓶，赤脚医生不知从哪里弄来那么粗的针管、针头，就要往我身上扎。我一见那个针掏出来，就撒丫子拼命跑。这一跑，我妈追不上，赤脚医生也追不上，正好有几个村民看见了，就捉小鸡似的把我给逮住了。然后，两个壮劳力把我按在粪堆上，医生掏出针来，一下子扎到我的屁股上。我也没含糊，拼命地放声大哭，哭出一身汗，一瘸一拐地和小万同学上路了。所以，我把这一段经历定义为"病了个半死"。

我们家乡是山区。爬山的时候，我们把自行车推到山顶上。下坡的时候，我们又顺着那个弯弯曲曲的山道往下冲。山坡上种着玉米、黄烟，非常壮观。农民在地里侍弄庄稼，小孩子放暑假了，就跟着父母在一旁玩。那个时候，村民很少见过自行车，许多老乡在我们身后说："看呀，是两个小孩骑自行车呢！"小孩子们也觉得挺好玩，却不知道闪开，在路中间嘻嘻哈哈。小万同学往山下冲的积极性比我还高，一下子撞倒了一个小孩，自己也摔倒在了路边。我的自行车随后赶到，要是再往前冲，一定会从那小孩的身上轧过去。走投无路，我一转车把，滚到山沟里去了！这一段可以称之为"摔了个半死"。

我摔进山沟里，没多久就醒过来了。我听见路边上的人吵吵嚷嚷，麻烦了！是一帮村民要揍小万同学！我顾不得脸上的血，赶紧爬起来。一看，那个小孩躺在地上，满地是血。为了考试，我准备了一个小手绢，一直没有舍得用，这回派上了用场。我掏出小手绢，把小孩鼻子上的血都给擦干了。擦着擦着，小孩哇地哭了一声，爬起来了。我想："哎哟，我的老天，这个小孩终于活过来了！"一会儿，小孩也不哭了。我赶紧去解救我的同学。我对那一帮村民说："求求你们了，我们是去马站中学考大学的！你们看这个小孩活了，也哭了，能不能放我们一马？我们把家庭地址和家长姓名都留下，如果小孩有什么问题，你们就到我们家去找我们，好不好？"那时候，考大学是很神圣的。我们又拿出来准考证，向他们证明身份。村民们都很朴实，看我的脸被摔成那个样，又是去赶考的，小孩也活过来了，便开始觉得我们也挺可怜，有几个村民就劝开了："看这两个小孩也不容易，先让他们走好了。"村民们七嘴八舌地就把我们放行了。

我俩骑着自行车就往前冲，唯恐村民们反悔，再次追上来押我们回去。我们一路上头都不回，惊慌失措、心惊肉跳，一口气骑到马站中学。这时，我才发现，原来车把一直是歪的。我把这叫作"吓了个半死"。

到了马站中学，天已经黑了，而我们那些走路过去的同学，早早地到校了。我们从车子上把铺盖拿下来，准备去找一个床铺，好好睡一晚。走进宿舍，没一会儿，我感觉不对，腿上好似有千军万马在奔跑。低头一看，我的天呀，黑乎乎的，全是跳蚤！因为高考，学生们提前放假，床铺腾出来了，可是跳蚤全都留在那里了。好几天没人，跳蚤们正饿得发慌呢！我们两个小孩一进来，它们便前赴后继、蜂拥而至。我们不停地从腿上往下撸跳蚤。撸完了以后，抱着衣服就出来了，站在外边熬着。熬到晚上12点多，天是凉快了，人也困得实在睁不开眼睛了，只好自入虎口了！于是，我们大义凛然，把被子一卷，就拱到那个铺盖里面去了。原来，房子里面不光有跳蚤，还有蚊子，地上的"坦克"、天上的"飞机"可齐全了。后来，我也不知是怎么迷糊过去了。总之，这个阶段的经历我定义为"咬了个半死"。

第一场考语文。上一届高考是由各省单独命题，我们省里高考，语文就出了一篇作文。1978年我才高一，什么基础知识、文学常识那是一点儿都不会。当时复习时间很短，我抱着侥幸心理："不就是写一篇作文吗？我怎么也能鼓捣个七八十分。"结果一开考，老师拿出来一大堆试卷，16开的卷子发了四五张，我就预感不妙。我摊开一看，第一题就是考汉语拼音、词语解释、标点符号。我从头到尾、满卷子找作文题，谁知那一年压根儿就没有作文题！只有一个缩写，一篇1000字的文章，让你缩短到200字之内。我心想："哪有这样的作文题呀？'由小变大'是我的强项，'由大变小'我可就瞎啦！"整张语文试卷我什么也不会，那就瞎碰吧！那一年语文考试满分100分，我考了65分。所以，第一场考试，我说是"被打击了个半死"。

第一场考语文失利了，第二场考化学。我想："今年肯定是考不上大学了，也就没什么压力了，考着玩呗。"但是，化学我必须拿下，那是我的强项，我给自己的目标是考满分。化学考下来了，老师问我："化学考得怎么样？"我说："老师，我能考100分。"老师瞪着眼睛："化学还有考100分的？"最后，我的化学得了99分。化学一考好，信心就开始回升，我后来的考试，一科比一科发挥得好，超水平发挥。

高考考完，我们又得往回走，我们怎么也不敢经过原先出事的那个村了，但那又是必经之路。怎么办呢？我在前面侦察，小万同学远远地跟着。一看就要走过那片是非之地了,我朝着小万同学一摆手,他就以百米冲刺的速度冲过去了。

回到家,我妈问我:"去这3天,你那个病好没好?"

我说:"一到那边就好了。"

我妈说:"多亏我烧香烧得好。"

原来,我去考试这几天,我妈一直担心我的身体,天天在家点着香为我祈祷呢。

我说:"还说呢,我在路上都摔得半死不活了,还成了你烧香烧得好!"

我转身就回房睡觉,一睡就是整整一下午。晚上醒来,没有吃晚饭,又接着睡,一直睡到第二天的傍晚。我到现在还留恋那一觉,睡了20多个小时,什么也不想了,彻底地放松了……

故事讲完了,这就是30年前我的高考故事。

我跟孩子们说:"我高考时的5个'半死',你们永远不会遇到。不仅如此,当年升学率还不到千分之二,这样我都能如愿地考上大学,你们还会有什么问题?如果再有什么问题,那肯定是无病呻吟了!"

人生路很长,但关键的只有那么几步——中考、高考、求职……我希望每个孩子都能以最美丽的姿态去迎接这些冲刺时刻。今天我回首30年前的那次高考,无论悲欢苦甜,都是一份珍贵的回忆。

# 王金战核心产品

## 图书类

**王金战成才系列**
《学习哪有那么难》
《我是这样考上北大清华的》（北大篇）
《我是这样考上北大清华的》（清华篇）

**王金战解密名校系列**
《王金战解密衡水中学》
《王金战解密文山州一中》

**王金战育才系列**
《英才是怎样造就的》
《英才是家庭造就的》
《金战学习法》（家庭套装图书＋光盘）
《究竟什么样的孩子适合留学》
《成才设计三部曲》

## 宽高英才训练营

心态成长营　高效学法营　数学突破营
挖掘自身潜能，成为更优秀的自己
给自己一个成长的机会，来一次终生难忘的学习之旅
报名电话 400-6868-661
训练营网址 http://www.kgedu.net/xunlianying.html

## 宽高卓越学校联盟

高考备考　尖子生辅导　教师培训　校长研修
名师精心点拨，与名校长及专家同台分享，与名师名校联盟同行
报名电话 010-82503151　82503158
卓越学校联盟网址 http://www.kgzyxz.com/

## 王金战教育思想

1. 宽高教育网　www.kgedu.net
2. 金战家长学校　www.wangjinzhan.com
3. 王金战新浪博客　blog.sina.com.cn/wangjinzhan
4. 王金战电子邮箱　wangjinzhan100@sina.com

关注宽高教育
学习育才思想
突破学习困境
把握教育趋势